Cloé Madanes · Geld und Gefühle

Cloé Madanes
und Claudio Madanes

Geld und Gefühle

Wie Geld unsere Beziehungen beeinflußt

Walter Verlag Zürich und Düsseldorf

Titel der amerikanischen Originalausgabe:
The secret meaning of money. How to prevent financial problems destroying our most intimate relationships
Erschienen bei Jossey-Bass Inc., Publishers, San Francisco

Übersetzung aus dem Amerikanischen von Martin Rometsch

Die Deutsche Bibliothek – CIP-Einheitsaufnahme

Madanes, Cloé:
Geld und Gefühle: wie Geld unsere Beziehungen beeinflußt / Cloé Madanes und Claudio Madanes. [Übers. aus dem Amerikan. von Martin Rometsch]. – Zürich; Düsseldorf: Walter, 1999
Einheitssacht.: The secret meaning of money <dt.>
ISBN 3-530-40065-3

Satz: Josefine Urban – KompetenzCenter, Düsseldorf
Druck und Bindung: Grafo s. a., E-Basauri
ISBN 3-530-40065-3

Inhalt

Für Magali und Mark

Danksagungen
Wir möchten Alan Rinzler, unserem Lektor, herzlich für seine Unterstützung, seinen Rat und seine Begeisterung danken. Mein besonderer Dank gilt auch den Mitarbeitern und Auszubildenden im Family Therapy Institute sowie den Therapeuten in den fiktiven Fallgeschichten, die ich in diesem Buch vorstellen. Es sind Richard Belson, Edwin Child, Ricardo Chouhy, David Eddy, Tony Fasnmeyer, Luis Goncalvez, Lisa Hatcher, Helen Coale Lewis, Marcha Ortiz und Neil Schiff.

Kapitel 1

Einführung: Geld als Herausforderung

Dieses Buch enthüllt, daß wir Geld unbewußt nutzen, um Machtkämpfe mit dem Partner, den Eltern und den Kindern zu gewinnen. Wie drücken Wünsche, Angst vor Einsamkeit und Rachegelüste durch Geld aus. Diese geheime Macht des Geldes verbindet uns – Partner, Geschwister, Junge und Alte – durch Liebe, Neid, Mitgefühl und Wut.

In der Familie ist das Geld eine Geheimwaffe in unzähligen ungelösten Konflikten, die sich um Sex, Liebe und Macht drehen. Wir geben Geld, um es zurückzufordern, wir versprechen Geld, ohne es je zu geben, wir verweigern es oder geben anderen mehr davon, als sie erwarten. Finanzielle Probleme sind oft die Spitze eines Eisbergs und ein Indiz für tieferliegende, verborgene Probleme zwischen Familienmitgliedern. Geld kann aber auch die eigentliche Ursache von Konflikten sein, bei denen es um Liebe und Gerechtigkeit geht.

Das Geld in unserem Leben

Alle machen sich Sorgen um das Geld. Manche Menschen glauben, sie könnten besser und glücklicher leben, wenn sie mehr Geld hätten. Selbst wer viel Geld besitzt, will unbedingt mehr haben und zerbricht sich den Kopf darüber, wie er es ausgeben soll, oder er hat Angst, es zu verlieren. Wir alle haben Geldsorgen und sind offenbar nie mit dem Anteil zufrieden, den wir haben.

Die Probleme der Armen unterscheiden sich sehr von denen der Reichen; dennoch streiten sich Menschen aller Schichten um

Geld. Für die meisten Menschen ist Geld ein derart wichtiger Bestandteil des täglichen Lebens, daß Geldprobleme ihre Gesundheit, ihre intimen Beziehungen und ihr Verhältnis zu Kindern und Eltern belasten. Geld stört die Verdauung, und wir denken sogar beim Sex an Geld. Es ist allgegenwärtig.

Geld – was ist das?

Geld ist mehr als eine Währung, und wir erwerben damit nicht nur materielle Güter. Mit Geld können wir auch Bildung, Gesundheit und Sicherheit kaufen. Wir können damit Zeit kaufen, um schöne Dinge, Kunstwerke, Abenteuer und gesellige Stunden mit Freunden zu genießen. Mit Geld können wir Menschen helfen, die wir lieben, und die Chancen unserer Kinder im Leben verbessern. Wir können damit Waren und Dienstleistungen kaufen, und wir können es für den Lebensabend und für künftige Generationen aufbewahren. Geld ist ein Instrument des gerechten Ausgleichs, mit dem wir Schäden reparieren können, die wir angerichtet haben. Chancengleichheit setzt eine gerechte Verteilung des Geldes innerhalb der Familie und der Gesellschaft voraus. Geld kann eine Metapher für alle guten Dinge im Leben sein: materielle Güter, Ausbildung, Gesundheit, Schönheit, Vergnügen, Liebe und Gerechtigkeit.

Andererseits ist Geld die Ursache vieler Probleme. Finanzielle Sorgen machen uns das Leben schwer. Selbst auf dem Reichtum scheint manchmal ein Fluch zu lasten, und oft bringt er mehr Kummer als Freude mit sich. Viele Menschen sind verzweifelt, weil sie zuwenig Geld verdienen, und fragen sich voller Angst, was aus ihnen und ihren Kindern wird, wenn eines Tages das Geld ausgeht. Geld ist also nicht nur eine Metapher für das Gute im Leben, sondern auch für die Wurzel aller Probleme.

Wir alle wissen, daß Geld ein ausschlaggebender Faktor für unser Glück oder unser Unglück ist. Dennoch verbietet uns ein allgemein anerkanntes Tabu, über unser Verhältnis zum Geld zu reden. Angeblich haben wir einen schlechten Geschmack, wenn wir nicht verheimlichen, was unsere Möbel gekostet haben, wie hoch unser Gehalt ist oder wieviel Geld wir haben. Darum ist Geld oft kein Thema, wenn Eltern und Kinder, Männer und Frauen, Geschwister, gute Freunde und sogar Therapeuten und Patienten sich unterhalten.

Dennoch stellt Geld eine Grundlage des Ehe- und Familienlebens dar. Ehemann und Ehefrau, Eltern und Kinder, Brüder und Schwestern streiten oft verbissen um Geld. Eltern wissen häufig nicht, wie sie mit ihren Kindern über Geld reden sollen, wie sie es ihnen geben sollen, wann sie es ihnen verweigern sollen. Ehepartner sind sich nicht darüber einig, welches Kind wieviel Geld braucht. Viele Geschiedene sind verbittert, weil sie erfahren mußten, daß auch die Ehe sich ums Geld dreht. Es ist ein Band, das sich schwer lösen läßt.

Geld ist eine Art Energie, eine Kraft, die unsere Zivilisation in Gang hält. Das ist eine neue Entwicklung in der Geschichte der Menschheit – es war nicht immer so. Früher waren die Menschen von anderen Energieformen abhängig: vom Land, vom Vieh, von Sklaven oder von Naturalien wie Wasser, Salz, Eisen oder Waffen. Obwohl diese Formen der Energie für die Menschen ebenfalls von größter Bedeutung waren, wurden sie nie zu einem Faktor, der jeden Aspekt des Lebens durchdringt und die wichtigste Stütze der Kultur darstellt. Erst seit kurzem ist das Geld eine Energie, welche die Welt bewegt.

Ist Geld schmutzig?

Freud erkannte als erster, daß Geld eine geheime Bedeutung hat; aber er sah nur seine negative Seite. Seiner Meinung nach symbolisiert das Geld die Exkremente, ist also abstoßend. Vielleicht gilt es deshalb als unfein, über Geld zu reden.

Freud lehnte sich gegen die Heuchelei der Kirche in der viktorianischen Zeit auf. Diese Kirche verdammte, was sie als «niedrigen» Aspekt der menschlichen Natur betrachtete: den Körper, die Sexualität und materielle Wünsche. Freud brach mit dem Tabu, das es verbot, Sex als wichtigen Teil des Lebens anzusehen. Aber er befreite nicht das Geld von seinem Tabu – vielleicht deshalb, weil er den Wunsch nach Geld nicht für einen ursprünglichen, infantilen Trieb hielt, vielleicht auch, weil das Geld zu seiner Zeit noch nicht die gewaltige Energiequelle war, die es heute darstellt, und weil es noch nicht das Symbol für alle unsere Wünsche war.

Es gilt also heute noch als verpönt, dem Geld die Bedeutung beizumessen, die es für uns hat. Selbst Therapeuten, die sich nicht scheuen, alle denkbaren Probleme anzusprechen, die mit Sex oder Macht zu tun haben, befassen sich nur selten mit Geldproblemen und äußern nur wenige kluge Einsichten über das Geld als wichtigen Aspekt der Persönlichkeitsentwicklung. Die meisten Menschen denken nicht einmal daran, einen Therapeuten zu konsultieren, wenn finanzielle Probleme sie plagen. Aber am Streit ums Geld zerbrechen wahrscheinlich mehr Ehen als aus irgendeinem anderen Grund. Der Umgang mit Geld ist vermutlich das wichtigste Streitthema zwischen Eltern und Kindern und zwischen Geschwistern.

Mißbrauchtes Geld

Ob Geld ein Symbol für Liebe oder Gewalt ist, hängt davon ab, wofür man es benutzt. Wir nehmen und geben Geld, um Liebe auszudrücken, aber wir können auch Gewalt ausüben, indem wir uns weigern, Geld zu geben oder zu nehmen. Das Problem ist kompliziert, weil Gewalt nicht nur das Zufügen körperlicher Schmerzen umfaßt, sondern auch Aufdringlichkeit, Unterdrükkung und Mißbrauch anderer Menschen. Liebe und Gewalt sind Teile eines Kontinuums, bei dem oft das eine zum anderen führt.

Wann wird eine liebevolle, aber besitzergreifende Beziehung aufdringlich und gewalttätig? Inwieweit sind Menschen durch Bande verknüpft, die stärker sind als das Band der Liebe? Das Problem wird noch verschärft durch den Kampf um materielle Güter und dessen gemeinsamen Nenner: Geld.

Noch komplizierter wird das Dilemma, weil es zwei Arten von Menschen gibt: die Donald Trumps und die Mutter Teresas. Die Donald Trumps wollen besitzen. Sie häufen alles zu ihrem eigenen Profit an. Sie wollen allen Reichtum, alle Macht, allen Sex, alle Liebe und Schönheit, allen Spaß der Welt haben.

«Mir geht es nicht ums Geld», sagt Trump. «Ich habe genug Geld, mehr als, ich jemals brauchen werde (...). Geschäfte sind für mich eine Kunst.»[1]

Die Donald Trumps wollen anderen nichts geben, und darum ist es schwer, sie zu lieben oder zu bewundern. Je mehr sie wollen, desto mehr scheinen sie zu bekommen, und desto unbeliebter werden sie.

Die Mutter Teresas streben ebenfalls nach Wohlstand, Macht und materiellem Besitz – aber sie wollen ihn anderen geben. Sie können ebenso ehrgeizig sein wie die Donald Trumps; aber sie wollen nichts für sich selbst haben – sie wollen geben. Doch je mehr sie geben, desto häufiger werden sie kritisiert.

Großzügigen Menschen unterstellen wir oft unlautere Motive, weil sie nicht nur Dankbarkeit, sondern auch Neid in uns auslösen. Insgeheim wollen wir alle selbstlos sein, und wenn wir diese Eigenschaft an anderen beobachten, beneiden wir sie.

Die meisten Menschen sind eine Mischung aus Donald Trump und Mutter Teresa. Wir wollen viel nehmen und wenig geben, oder wir sind für unsere Familie eine Mutter Teresa und für den Rest der Welt ein Donald Trump. Wenn dieses Buch dennoch mit diesen Gegensätzen arbeitet, möchte es Ihnen damit helfen, herauszufinden, wer Sie sind und was Sie wirklich wollen.

Geld und Spiritualität

In der heutigen Welt ist Geld das, was die Erlösung im Mittelalter war. Die wichtigsten «heiligen Kriege» des zwanzigsten Jahrhunderts wurden um Geld geführt, nicht um Religion. Aber die Frage bleibt: Hat die Spiritualität einen Platz in unserer modernen Welt? Und wenn ja, was hat sie mit Geld zu tun?

Die Leute, die versuchen, unsere Wirtschaft zu steuern, reden kaum über Spiritualität. Daß sie in den Sozialwissenschaften ebenfalls kein Thema ist, liegt vielleicht am Einfluß der Freudschen Ideen. Freud lehnte die Religion ab, weil sie die Menschen unterdrücke, und die Folge war, daß manche Menschen vergaßen, wie wichtig die Spiritualität für unser Leben ist. Wenn wir uns selbst verstehen wollen, müssen wir uns auch mit unseren spirituellen Zielen beschäftigen, nicht nur mit unserer Biologie.[2]

Einst lehrten uns die Religionen, zwischen spirituellen Pflichten und materiellen Wünschen zu unterscheiden. Als die Spiritualität als Persönlichkeitsanteil immer mehr an Bedeutung verlor, bestimmten die materiellen Wünsche immer stärker unsere Identität. Aus Wünschen wurden Süchte. Ein wichtiges

Gleichgewicht war gestört, und Materialismus breitete sich ungehemmt aus.

Heute ist Geld das wichtigste Symbol der materiellen Welt – der «niedrigeren Welt», deren Wurzeln bis in unsere Wünsche, Ängste und körperlichen Bedürfnisse reichen. Die Spiritualität symbolisiert Transzendenz und Mitgefühl, also die «höhere Welt», in der wir nach einem Sinn, nach Einheit und Gemeinschaft suchen.

Menschen sind Wesen mit zwei Seelen in der Brust; sie sind spirituell und materiell zugleich. Der Kampf dieser beiden Seelen spiegelt sich in den Werken aller großen spirituellen Vorbilder wider. Alle lehrten, daß ein normales Leben in der materiellen Welt die Grundlage der Spiritualität ist. Buddhisten, Christen, Juden und andere haben Normen aufgestellt, um die Wirtschaft zu regulieren, damit der einzelne danach strebt, nicht nur seine eigenen Bedürfnisse zu befriedigen, sondern auch jene der Gemeinschaft. Das ist der Grundgedanke des «mittleren Weges» im Buddhismus, der «Nächstenliebe» des Christentums und der Mizwot der Juden. Die Geschichte der Menschheit war ein Kampf zwischen den Kräften des egoistischen Materialismus und der Stimme der Gerechtigkeit und des Mitgefühls.

Darum kann auch das Geld eines der Elemente sein, die es uns ermöglichen, Spiritualität auszudrücken, Mitgefühl zu praktizieren, Gerechtigkeit zu üben und unseren Nächsten zu lieben. Doch das Horten von Geld aus selbstsüchtigen Motiven steht im Widerspruch zu spirituellen Werten. Wo sollen wir die Grenze zwischen der Selbstliebe und der Nächstenliebe ziehen? Um diese Frage zu beantworten, müssen wir die Kluft zwischen den beiden «Seelen» in unserer Brust überwinden.

Nachfrage wird geschaffen

Die Vorstellung, daß Wünsche nicht schwächer werden, wenn wir sie nach und nach befriedigen, scheint der Vernunft zu widersprechen. Aber ist der Schmerz, den wir empfinden, wenn uns ein heißersehnter Schiurlaub vorenthalten wird, nicht dem Hunger vergleichbar? Wenn wir ein Bedürfnis befriedigt haben, entsteht ein neues; vielleicht liegt das in der Natur des Menschen.

Wir bemühen uns nicht nur, unsere Wünsche zu erfüllen, sondern wir versuchen offenbar, neue Objekte der Begierde zu schaffen. In seinem Buch *The affluent society* weist der Ökonom John Kenneth Galbraith[3] darauf hin, daß dieser Aspekt einer der Hauptfaktoren ist, der unsere Wirtschaft von jeder anderen Wirtschaft in der Geschichte unterscheidet. «Man kann nicht die Produktion mit dem Argument verteidigen, sie befriedige lediglich Wünsche, wenn sie diese Wünsche erst schafft», schreibt er. «Die Produktion füllt nur eine Leere, die sie selbst hervorgerufen hat (...). Der Prozeß, der Bedürfnisse befriedigt, erzeugt die Bedürfnisse (...). Wer die Bedeutung der Produktion zur Befriedigung dieser Bedürfnisse betont, gleicht dem Zuschauer, der einen Hamster für seine Bemühungen lobt, dem Rad davonzulaufen, das er selbst in Bewegung versetzt.»

Galbraith wirft den Ökonomen vor, sie hätten nicht erkannt, wie wichtig es für die moderne Wirtschaft ist, Nachfrage zu schaffen. Sie glaubten immer noch, daß Wünsche von selbst entstehen, und darum suchten sie blindlings nach Mitteln, diese Bedürfnisse zu befriedigen. Er meint, diese Blindheit der Ökonomen gleiche der «eines Humanisten, der sich vor langer Zeit davon überzeugen ließ, daß es dem Krankenhaus der Stadt an notwendigem Inventar fehlt. Er hört nicht auf, Passanten mit der Bitte um Spenden zu belästigen, und merkt gar nicht, daß der Krankenhausarzt der Stadt mit seinem Auto Fußgänger überfährt, um die Betten zu füllen.»

Wenn wir neue Bedürfnisse schaffen, beschwören wir auch neue Konflikte herauf. In Stephen Kings[4] Roman *Needful Things* eröffnet ein Dämon in einer Kleinstadt einen Laden. Er verkauft Waren, die den Zweck haben, die geheimsten Bedürfnisse der Einwohner zu befriedigen. Jeder Käufer ist davon überzeugt, daß ein bestimmter Gegenstand ein tiefes Bedürfnis erfüllt, obwohl dieses Bedürfnis vorher nie existierte. Ein Mann findet eine Angelrute, die genau so aussieht wie die seines geliebten Vaters. Eine Frau erwirbt ein Bild von Elvis Presley, das ihr einen ekstatischen Orgasmus verschafft. Ein Spieler kauft ein Gerät, das vorhersagt, welches Pferd das Rennen gewinnt. Der Dämon weigert sich, für seine Waren Geld anzunehmen. Er bevorzugt Tauschgeschäfte – aber dieser Tauschhandel zerstört das Leben jedes Kunden, die schließlich alles verlieren.

Kings Dämon erzeugt nützliche Dinge, ähnlich wie Galbraiths «Dämonen», die künstliche Nachfrage erzeugen. Aber diese Dämonen sind nicht der Teufel oder die Fabriken, die Waren produzieren und damit Wünsche wecken, die wir zuvor gar nicht hatten. Diese Dämonen sind in uns; sie symbolisieren ausuferndes Verlangen, die Sehnsucht, Bedürfnisse zu befriedigen, deren Befriedigung neue Bedürfnisse schafft.

In der heutigen Gesellschaft ist Geld die Energie, welche die Welt in Gang hält, die Währung, das Sinnbild aller dieser Bedürfnisse. Wir wollen nicht nur ein Auto als Transportmittel, wir wollen einen Porsche haben. Wir wünschen uns ein Ferienhaus, nicht nur eine Wohnung. Wir müssen Leckereien aller Art haben, nicht nur Nahrungsmittel. Das Verlangen nach Geld ist ein künstliches Bedürfnis, das alle anderen künstlichen Bedürfnisse symbolisiert: den Wunsch, schlank und schön zu sein anstatt nur gesund und kräftig; den Wunsch, mächtig zu sein und bewundert zu werden, anstatt Arbeit und Auskommen zu haben; den Wunsch, bedeutungsschwer zu kommunizieren, anstatt sich einfach nur zu amüsieren.

Das alles sind künstliche Bedürfnisse, und das symbolische Verlangen nach Geld ist die Metapher für das Verlangen nach all diesen Dingen. Um diese Dinge zu bekommen, bezahlen wir mit unserem Körper, unserer Zeit, unserer Liebe und unserem Seelenfrieden.

Das Ziel dieses Buches

Dieses Buch gibt einige Richtlinien für den klugen Umgang mit Geld in der Ehe und in der Familie. Ich erzähle Geschichten aus meiner Arbeit als Therapeutin, um komplizierte Probleme zu entwirren, in denen es um Geld, Sex, Macht und Liebe geht. Diese Fallbeispiele zeigen Ihnen, wie Sie bestimmte Geldprobleme lösen können und wie Sie mit den vielen Schwierigkeiten fertig werden, die scheinbar nichts mit Geld zu tun haben, aber lösbar sind, sobald Sie klug mit Geld umgehen.

Menschen, die viel Geld haben, und Menschen, die sehr wenig Geld haben, sollten wissen, wie sie ihre finanziellen Mittel oder die ihrer Familie einsetzen können, um glücklich zu werden und Streit zu verhindern. Ich habe dieses Buch geschrieben, weil ich glaube, daß Menschen ihre Probleme dank ihrer Stärken lösen können. Geld ist eine dieser Stärken.

Das Buch erklärt, wie Sie bestimmte Probleme verstehen und lösen können, bei denen Geld eine Metapher für andere, verborgene Kämpfe ist, in denen es eigentlich um Liebe und Macht geht. Doch Geld ist nicht nur eine Metapher. Manchmal ist es selbst das verborgene Problem, wenn wir scheinbar um Liebe oder Gerechtigkeit streiten. Auch darauf gehe ich in diesem Buch ein.

Ich hoffe, daß mein Buch verständlich macht, wie wir mit Geld umgehen und welche Sehnsüchte wir mit ihm verbinden. Dieses Buch bietet keine Patentrezepte an und hilft Ihnen nicht, mehr Geld zu verdienen. Es geht vielmehr um das heikle Gleichgewicht zwischen unseren individuellen Bedürfnissen und unserem Wunsch, denen zu geben, die wir lieben. Geldprobleme können tiefe Konflikte auslösen, und Beziehungen können unter Geldproblemen leiden – aber wir sind auch imstande, sie von diesem Druck zu entlasten. Unser Verhalten beeinflußt das Verhalten anderer Menschen, und wenn wir deren Verhalten ändern wollen, müssen wir unser Verhalten ändern. Das alles sind die Themen dieses Buches.

Da das Thema «Geld» mit fast jedem Aspekt unseres gesellschaftlichen Lebens zu tun hat, mußte ich eine Auswahl treffen. Ich habe mich dafür entschieden, hauptsächlich Probleme innerhalb der Familie zu erörtern. Die Menschen, die wir am innigsten lieben, sind unsere Kinder, Partner und Angehörigen. Die Beziehungen innerhalb der Familie sind uns am wichtigsten. Nichts macht uns glücklicher oder unglücklicher als die Familie. Und gerade diese schwierigen Beziehungen können wir oft nicht ändern, einerlei, wie sehr wir uns bemühen. Wenn wir zwischen wahren und künstlich geschaffenen Bedürfnissen unterscheiden lernen, können wir in der Familie vernünftig mit Geld umgehen und uns in anderen gesellschaftlichen Situationen bewußter und selbstsicherer mit Fragen des materiellen Besitzes auseinandersetzen.

So ziehen Sie den größten Nutzen aus diesem Buch

Lesen Sie das ganze Buch! Wenn Sie ledig sind, werden die Kapitel über die Ehe dennoch nützlich für Sie sein. Selbst wenn Sie noch jung sind, sollten Sie auch die Kapitel über ältere Paare lesen. In diesem Buch geht es um Geld und Beziehungen, und meine Ratschläge gelten für alle Beziehungen in Ihrem Leben. Übertragen Sie das, was Sie lesen, einfach auf Ihre persönliche Situation.

Sie werden besser mit Geld umgehen können, sobald Sie eine Reihe wichtiger Kenntnisse und Fertigkeiten erworben haben:

1. Sie lernen, was Geld und materieller Besitz für Sie und Ihre Familie bedeuten, und erhalten Antworten auf folgende Fragen:
   a) Welche geheime Bedeutung hat das Geld in Ihrer Familie?
   b) Was und wieviel wollen Sie?
   c) Warum wollen Sie das haben?
   d) Wollen Sie es für sich selbst oder für andere haben?
   e) Wer schuldet wem etwas?
   f) Wer ist wofür verantwortlich?

   Diese Fragen sind schwierig zu beantworten. Vielleicht müssen Sie all Ihre Energie für Ziele aufwenden, die nicht Ihre Ziele sind. Es kann auch sein, daß Sie versuchen, die Wünsche eines Angehörigen zu erfüllen, obwohl Sie andere Wünsche haben. Und möglicherweise haben Sie Pflichten übernommen, die nicht Ihre Pflichten sind – oder für die Sie nicht dankbar sind, obwohl Sie es sein sollten. Vielleicht wollen Sie mehr für andere tun, oder Sie tun bereits zuviel für andere.
2. Sie lernen, offen über Geld zu reden. Das verbessert Ihre Chancen, gehört zu werden und Konflikte und Meinungsverschiedenheiten beizulegen. Sie werden imstande sein, die Tabus und Familienregeln zu brechen, die es Ihnen bisher verboten haben, das Thema «Geld» ohne Scheu anzusprechen. Sobald Ihnen die symbolische Bedeutung des Geldes klar ist, wissen Sie aber auch, wann es sinnvoll ist, das Tabu zu respektieren.
3. Sie lernen, klarer zu denken, wenn es um Geld geht. Wenn Sie lesen, wie andere Leute darüber denken, können Sie Ihre Einstellung mit ihnen vergleichen – indem Sie andere verstehen, verstehen Sie sich selbst. Und da manche Menschen anders

mit Geld umgehen und auch anders darüber denken als Sie, wird Ihr Blickwinkel weiter. Sie lernen, wie Ihr Verhalten andere beeinflußt und wie Sie Beziehungen mit Geld verbessern können. Sobald Sie akzeptieren, daß das Geld die eigentliche Ursache vieler Probleme in Ihrer Familie ist, können Sie etwas gegen diese Probleme tun.

In den folgenden Kapiteln befassen wir uns mit der geheimen Bedeutung des Geldes und mit der großen Angst, die damit verbunden ist. Wir werden anhand von vielen Beispielen besprechen, wie Sie mit Ihrer Angst und Ihren Schuldgefühlen, aber auch mit der Angst und dem schlechten Gewissen Ihrer Angehörigen umgehen können. Dieses Buch hilft Ihnen, die verborgene Bedeutung des Geldes in Ihrem Leben zu durchschauen und klügere Entscheidungen zu treffen. Sie lernen nicht nur neue Wege im Umgang mit Geld kennen, sondern stärken auch Ihr Selbstwertgefühl.

Viele Probleme im Leben treten auf, wenn wir uns scheinbar zwischen Geld und Liebe entscheiden müssen. Dieses Buch möchte Ihnen beweisen, daß Sie beides haben können.

Kapitel 2

Geld und das junge Paar

Wenn wir über Geld und die Familie nachdenken, müssen wir zunächst untersuchen, wie junge Paare, die Gründer der Familie, mit Geld umgehen. Die geheime Bedeutung des Geldes und alles, was das Geld symbolisiert, kann beim ersten Streit des jungen Paares eine große Rolle spielen.

Als junge Erwachsene fällt es uns nicht immer leicht, langfristige Bindungen einzugehen. Einerseits wollen wir unabhängig sein und unsere Ziele nicht immer wieder den Bedürfnissen eines anderen Menschen unterordnen. Wir wollen zwischen «mein» und «unser» unterscheiden. Wir wollen nicht teilen, und wir wollen nicht geben.

Andererseits wollen wir geliebt und geschätzt werden. Wir wollen Intimität. Wir wollen, daß der Partner uns braucht, um sich wohl zu fühlen. Dennoch wollen wir als Individuen Erfolg haben. Wir wollen gewinnen und der oder die Beste sein. Geht das nicht immer auf Kosten des Partners? Können wir Intimität und Liebe haben und dennoch unsere eigenen Ziele verfolgen, anstatt selbstlos Liebe und Unterstützung zu geben?

Eine Ehe kann nur dann erfolgreich sein, wenn sie auf Zusammenarbeit gründet, nicht auf Rivalität. Doch für viele junge Menschen ist die Ehe die erste Beziehung, in der sie nicht konkurrieren, sondern kooperieren sollen. Wenn wir jung sind, wird von uns erwartet, daß wir soviel wie möglich von unseren Eltern, Lehrern und Verwandten «mitnehmen». In der Schule, beim Sport und am Arbeitsplatz sollen wir andere übertrumpfen. Es ist also kein Wunder, daß der Übergang zu einem Miteinander in der Partnerschaft uns schwerfällt.

Die Geschichte von Megan und Larry, einem jungen Paar, das meine Hilfe suchte, handelt ebenfalls von Rivalität und Kooperation. Ihre Auseinandersetzungen mögen sich inhaltlich von den Ihren unterscheiden, aber sie folgen einem sehr verbreiteten Muster. Die beiden gerieten in einen heimtückischen Kreislauf, in dem jeder den anderen zu falschem Verhalten provozierte.

Nehmen kontra Geben

Megan rief mich an, um einen Termin zu vereinbaren. «Ich habe ein Problem mit meinem Mann», sagte sie mit kindlicher, weinerlicher Stimme. «Er redet dauernd von einer alten Freundin, und das macht mich verrückt. Außerdem habe ich schon mein ganzes Leben lang Angst, dick zu werden. Wenn ich etwas esse, was dick macht, übergebe ich mich absichtlich.»

«Der Mann will also eine andere Frau», dachte ich, «und sie will essen, aber auch schlank bleiben.»

Megans Problem kommt bei jungen Paaren häufig vor: die Furcht, in den Augen des Partners häßlich zu werden, Unwissenheit über die körperlichen Bedürfnisse (Eßsucht ist bei jungen Frauen oft eine Metapher für sexuelles Verlangen oder Sehnsucht nach Liebe) und mangelnde Bereitschaft, nach der Entscheidung für einen Partner auf Verabredungen mit anderen zu verzichten (augenscheinlich das Problem von Megans Mann).

Als ich Megan traf, war ich von ihrer Schönheit beeindruckt. Sie war blond, blauäugig, klein, aber sportlich – sie hätte Fotomodell sein können.

Schmollend sagte sie mit ihrer Kleinmädchenstimme: «Larry hat auch früher über seine ehemalige Freundin gesprochen. Aber er sagte immer: ‹Sie ist nicht mein Typ. Sie ist unsportlich und trainiert nicht. Und es ging mir auf die Nerven, daß sie ständig einkaufte.› Aber jetzt hat er nichts mehr an ihr auszusetzen. Jetzt hat sie offenbar Macht und Geld. Jetzt ist er plötzlich verheiratet, und wir haben kein Geld. Nun will er seinen Spaß haben. Dieses Mädchen ist reich. Ihre Eltern haben damals zu Larry gesagt: ‹Wenn du Marlene heiratest, bekommst du einen Porsche von uns.› Ich habe ihm gesagt: ‹So eine Mitgift kriege ich von meinen Eltern nicht, tut mir leid! Das ist im Preis nicht inbegriffen.› Ich bin so traurig, weil es gar nicht um meine Fehler geht – es geht nicht darum, was ich nicht habe, sondern darum, was ihre Eltern ihr mitgegeben hätten.»

Weinend fügte sie hinzu: «Und das alles reibt er mir unter die Nase, während ich mich auf meine Abschlußprüfung vorbereite!»

Megan stand kurz vor dem Examen an einem hervorragenden College, während Larry mit Müh und Not die High-School beendet hatte. Er hoffte auf den großen Durchbruch mit seiner Rockgruppe. Ich fragte ihn: «Wollen Sie Megan provozieren, weil sie dabei ist, das College abzuschließen – weil sie so erfolgreich ist?»

«Das ist ziemlich hart ausgedrückt», meinte Larry. «Ich glaube nicht, daß ich deswegen von all diesen Dingen träume und rede, die ich früher gemacht habe. Das habe ich immer getan, schon bevor ich Megan getroffen habe. Ich ziehe mich oft zurück, denke an alte Freundinnen und ähnliche Dinge und frage mich: ‹Mein Gott! Warum habe ich mich von Marlene getrennt? War das wirklich richtig?›»

Auch wenn Larry es nicht zugab – er benahm sich eindeutig provokativ. «Es kann wieder vorkommen», beharrte er. «Aber ich laufe nicht herum und nehme mir vor, morgen wieder davon anzufangen.»

Ich sagte: «Vielleicht fällt es Ihnen schwer, Megans Erfolg zu verkraften. Nur wenige Männer sind so stark, daß sie eine Frau ertragen, die gebildeter und vielleicht auch erfolgreicher ist als sie selbst. Bei Ihnen bin ich mir da nicht sicher. Nach ihrem Examen könnte sie sogar mehr verdienen als Sie.»

«Um so besser», sagte Larry. «Dann haben wir endlich keine finanziellen Probleme mehr! Genau darauf warte ich. Ich versuche nicht, sie zu unterdrücken oder zu bedrohen. Ich bin eben so. Das hängt zusammen mit den Gefühlen in mir drin.»

«Was denn für Gefühle?» fragte Megan.

«Einfach nur Wut, Depressionen und Frustration.»

«Warum?»

«Weil ich das Gefühl habe, in einem Sumpf zu stecken.»

Megan sagte: «Er ärgert sich, weil ich mich erbreche. Und er regt sich über den Sex und all das auf. Neulich fragte er: ‹Können wir jetzt ins Bett gehen?› Ich sagte: ‹Kannst du nicht ein bißchen warten?› Ich werde nämlich richtig wund. Ich kann es nicht vier- oder fünfmal am Tag machen, wie er es will. Und dann sagte er, dieses andere Mädchen habe nie nein gesagt. Das hat wirklich weh getan.»

Megans Stimme war immer weinerlicher geworden, und ihre Augen füllten sich mit Tränen. «Ich sagte: ‹Ich weise dich nicht zurück, Larry. Aber vergiß nicht, daß zwei dazu gehören! Oder soll ich jedesmal mitmachen, nur um dich zu befriedigen?› Es kümmert ihn nicht, ob ich befriedigt bin. Er denkt nur an sich.»

Dann erzählte sie, Larry habe vor ihrer Heirat als Lastwagenfahrer gearbeitet und dabei sehr gut verdient – aber er habe auch andere Frauen gehabt und sich sogar mit schwulen Männern eingelassen.

«Ach komm», sagte Larry verlegen. «Das habe ich doch nur getan, um Geld zu verdienen.»

Geld war für Larry so wichtig wie Essen für Megan. Sie war sogar bereit, sich nach dem Essen zu übergeben, nur wegen des Vergnügens, das ihr das Essen bereitete. Und er scheute nicht einmal den Kontakt mit Homosexuellen, nur weil er «gutes Geld» verdienen wollte.

Das Machtgleichgewicht

Was ging zwischen Megan und Larry vor? Welche Rolle spielten das Geld und all die Sehnsüchte, die es symbolisiert, in ihrer Beziehung?

Larry quälte Megan mit seiner Gier nach Geld. Er vermißte seine ehemalige Freundin, weil sie Geld hatte. Seiner Frau verweigerte er die Zuneigung und dachte ständig an das Geld, das er hätte haben können, wenn er die andere geheiratet hätte.

Megan sträubte sich gegen Sex mit Larry und erlaubte ihm nicht, zu Hause zu essen, weil sie fürchtete, selbst in Versuchung zu geraten. Beide waren vollständig darauf konzentriert, etwas haben zu wollen, aber es fiel ihnen schwer, etwas zu geben. Das sind typische Probleme vieler junger Paare, aber auch mancher Paare, die nicht mehr so jung sind.

Zudem waren Megan und Larry so sehr mit ihren wirtschaftlichen Schwierigkeiten, ihren Streitereien und Ängsten beschäftigt, daß sie keinen Spaß mehr miteinander hatten. Schlimmer noch: Sie verhielten sich wie Rivalen. Ihr unterschiedlicher Bildungsgrad war ein Problem. Megan hatte sehr gute Noten und würde bald ihr Examen an einem vorzüglichen College machen. Larry hatte nur die High-School besucht.

Megans Erbrechen spiegelte nicht nur ihre Sehnsüchte wider; es war auch ein Mittel, sich selbst zu erniedrigen und Larry aufzurichten. Megan gab sich die größte Mühe, kindisch zu erscheinen. Sie schmollte und sprach immer mit der Stimme eines kleinen Mädchens. Offenbar fürchtete sie, Larry werde sich minderwertig fühlen und sie verlassen, wenn sie sich wie eine tüchtige, reife Frau benahm.

Megan war oft eifersüchtig, vor allem wenn Larry wegging, um mit seiner Band zu spielen. Oft bestand sie darauf, ihn zu begleiten und die «Groupies» im Auge zu behalten, die ihn umschwärmten. Dann saß sie da, hörte zu und weinte so bitterlich, daß Larry aufhören mußte zu spielen, um sie zu trösten.

Als ich mit Larry darüber sprach, warum er eine Frau mit Geld haben wollte, räumte er ein, daß er Angst habe. Er wußte nicht, ob er genügend Geld verdienen konnte, um Megan zu halten, oder ob sie ihn übertreffen und sich einen Mann mit mehr Geld suchen würde. Er zweifelte an sich selbst, und Megan wiederum hoffte – wie die meisten jungen Ehefrauen –, daß er ihr half, ihre eigenen Minderwertigkeitskomplexe zu überwinden.

Auf Megans Erfolg in der Schule reagierte Larry wie viele andere Männer. Obwohl er so tat, als freue er sich darüber, fürchtete er, sie werde ihn nicht mehr brauchen; darum provozierte er sie so, daß bei ihr Verhaltensstörungen auftraten und sie sich minderwertig vorkam. Nur so konnte er sich ihr überlegen fühlen und daran glauben, daß sie ihn brauchte. Aber wenn sie ihn brauchte, konnte er ihr nichts geben. Er dachte nur daran, was er haben wollte und wegen ihr nicht haben konnte.

Es war kein Zufall, daß Larry gerade dann anfing, an seine früheren Beziehungen, an Geld und an Sex zu denken, als Megan vor ihrer Abschlußprüfung stand und stolz auf sich war. Er brachte sogar Kuchen mit nach Hause, den seine Mutter gebacken hatte, obwohl er hätte sagen können: «Danke, Mama, aber ich kann das nicht mitnehmen.» (Seine Mutter wußte, daß Megan um ihre Figur fürchtete.) Als Megan vom Kuchen aß und ihn anschließend erbrach, hatte Larry gesiegt – sie hatte sich selbst geschadet, er dagegen war kompetent und hatte die Situation im Griff.

Zwischen Megan und Larry herrschte Krieg, ein Machtkampf.

Ängste und Minderwertigkeitsgefühle

Megan und Larry saßen in der Falle. Ihre Beziehung glich eher einem Wettkampf als einer Partnerschaft. Warum führten sie Krieg gegeneinander? Worum ging es bei ihren Auseinandersetzungen wirklich? Ging es tatsächlich um die reiche Exfreundin, um das Erbrechen, um Larrys Geldgier?

Sie wollten beide viel voneinander haben, waren aber nicht bereit, viel zu geben. Insgeheim beneideten sie einander und fühlten sich minderwertig. Weder sie noch er wollte den ersten Schritt tun und dem Partner entgegenkommen, um eine Verhaltensänderung zu bewirken. Dieser Mangel an Zusammenarbeit und die Rivalität zwischen ihnen führten dazu, daß sie sich leer fühlten und sich noch verzweifelter nach Liebe, Geld, Sicherheit und Anerkennung sehnten.

Manche Paare streiten sich ständig um das Geld – wer es herbeischaffen soll, wie man es ausgeben soll, wer die Rechnungen bezahlen soll. Andere streiten über die vielen Wünsche, die das Geld symbolisiert, über Dinge, die man braucht, und über künstlich geweckte Bedürfnisse.

So war es auch bei Megan und Larry. Sie stritten über das Essen (oder das Erbrechen des Essens), die reiche Freundin mit dem Porsche und das Geld, das Larry früher auf fragwürdige Weise verdient hatte. Dieser Streit war Ausdruck ihrer Angst, dem anderen nicht genug geben zu können, den anderen nicht halten zu können und im Leben erfolglos zu bleiben.

Den Krieg beenden

Ich tat vieles, um Megan und Larry zu helfen. Ich machte ihnen Vorschläge und drängte sie, netter zueinander zu sein. Ich gestand beiden gute Absichten zu und überzeugte mich davon, daß selbst ihr negatives Verhalten gut gemeint war. Ich vereinbarte einige Sitzungen allein mit Megan und allein mit Larry; aber meist waren wir zu dritt. Ich bemühte mich, jeden der beiden Standpunkte zu verstehen, und das kostete mich eine Menge Zeit.

Ich erklärte Megan und Larry das erste Ziel der Therapie: Sie sollten wieder Spaß miteinander haben. Ich bat sie, all die schönen Dinge aufzuschreiben, die sie im nächsten Monat, im nächsten Jahr und in den nächsten fünf Jahren zusammen unternehmen könnten, und trug ihnen auf, jede Woche einen dieser Pläne in die Tat umzusetzen.

Ich erklärte ihnen, daß nur wenige Männer es ertragen können, mit einer besser ausgebildeten und erfolgreicheren Frau verheiratet zu sein. Wenn Megan ihre Eßsucht überwinden würde, hätte sie keine ernste Schwäche mehr, und das wäre für Larry möglicherweise unerträglich. Ich glaubte zwar, daß Larry damit fertig werden konnte, war mir aber nicht sicher. Larry versicherte, er werde bestimmt damit zurechtkommen und er wünsche sich nichts sehnlicher als eine erfolgreiche Megan.

Ich sprach mit beiden darüber, was sie am meisten brauchten. Megan sagte, sie wolle keine Speisen im Haus haben, die dick machten. Larry beklagte sich bitter über seinen Hunger. Ich schlug ihm vor, etwas mitzubringen, was Megan tolerieren konnte, und sie einigten sich auf Käse.

Wie viele junge Ehefrauen erwartete Megan von ihrem Mann Hilfe, um ihre Minderwertigkeitsgefühle zu überwinden. Sie wollte also nicht einfach mit ihm zusammen fröhlich sein und etwas unternehmen. Ich bat sie, ihm zu zeigen, daß sie ihn auch aus anderen Gründen brauchte, zum Beispiel weil sie sexuelle Bedürfnisse hatte, und ich schlug ihr vor, nicht immer darauf zu warten, daß er sie verführte, sondern ihm zwischendurch zu zeigen, daß sie ihn ebenfalls brauchte.

Larry bat ich, Megan mit Zuneigung zu überschütten, denn das war es, wonach sie sich sehnte. Außerdem riet ich ihm, dies manchmal auch dann zu tun, wenn sie ihre Ruhe haben wollte. Megan sollte merken, wie Larry sich fühlte, wenn sie Zuwendung von ihm verlangte, obwohl er beschäftigt war.

Mir fiel auf, daß Larry seine Frau jedesmal provozierte, wenn sie erfolgreich war oder etwas Wichtiges zu tun hatte. Sie fiel dann in ihr altes Verhalten zurück und fühlte sich minderwertig. Um Larrys Verhalten zu ändern, benutzte ich eine paradoxe Methode. Ich forderte ihn nicht auf, seine Provokationen künftig zu unterlassen – das wäre ihm nicht gelungen, weil er sich seines Verhaltens nicht bewußt war –, sondern bat ihn, eine Provokation bewußt zu planen, so daß Megan vorgewarnt war. Ich erwartete, daß Larry sich gegen eine bewußte Provokation wehren, also Megan nicht provozieren würde.

In der Tat wollte Larry seine Frau nicht absichtlich unglücklich machen. Er sagte, er habe keine Ahnung, wie er sie reizen könne. Ich schlug ihm vor, seine Mutter zum Essen einzuladen, und Megan sollte kochen. Diese Idee gefiel ihm. Megan sagte: «Für mich ist es schon schlimm genug, mit ihr zu telefonieren.» Dennoch akzeptierte sie den Plan; denn Larry mußte seinerseits darauf verzichten, sie in dieser Woche auf andere Weise zu provozieren.

Später erzählten die beiden, das Essen sei sehr angenehm gewesen. Danach verzichtete Larry längere Zeit auf Provokationen. Megan war großzügig zu einem Menschen gewesen, den er liebte, und das war ungewöhnlich, weil das Geben ihr sehr schwerfiel.

Was hat diese Geschichte mit Ihnen zu tun?

Einige der Methoden, die Megan und Larry halfen, können auch Ihnen helfen, wenn Sie und Ihr Partner Probleme mit Geld und den Bedürfnissen, die es symbolisiert, haben.

Paare fühlen sich meist zueinander hingezogen, weil sie Spaß zusammen haben. Doch mit der Zeit konzentrieren sie sich auf ihre Probleme, Streitigkeiten und Ängste und sind nicht mehr imstande, sich gemeinsam zu freuen. Freude ist jedoch ein wichtiger Teil der Ehe, und darum müssen die Partner sie neu entdekken.

Nur wenige Menschen sind so stark, daß sie einen Partner ertragen, der erfolgreicher ist als sie. Da der erfolgreichere Partner fürchtet, zurückgewiesen zu werden, entwickelt er oft eine Charakterschwäche oder eine unangenehme Gewohnheit, um seine Überlegenheit zu kompensieren. Der weniger erfolgreiche Partner kann sich dann wenigstens in diesem Bereich überlegen fühlen. Wenn der Erfolgreichere jedoch seine Schwäche überwindet, erstrahlt er in neuem Glanz, und damit wird der andere nicht immer fertig. Es ist daher wichtig, den Erfolg in einer Ehe zu verteilen, so daß jeder sich auf seinem Gebiet auszeichnen kann.

Schritte zur Lösung

Ein junges Paar kann seine Schwierigkeiten in vier Schritten überwinden. Obwohl nicht alle diese Schritte unmittelbar mit Geld oder Bedürfnissen zu tun haben, ist jeder Schritt notwendig, weil er die Lösung des Problems näherbringt.

Die Reihenfolge der Schritte kann unterschiedlich sein. Ein Paar kann beschließen, seine Beziehung zu verbessern, und dann jeden der folgenden Schritte tun, bis der Erfolg sich einstellt.

Wenn ein Partner sich ändert, verändern sich die Interaktionen, und der andere muß sich ebenfalls ändern.

Sorgen Sie für Spaß, ermutigen Sie den Partner

Es genügt nicht, wenn ein Partner den anderen braucht, um seine Schwächen auszugleichen. Beide sollten Freude daran haben, zusammenzusein.

Dieses Ziel können wir auf mehreren Wegen erreichen. Am einfachsten ist es, öfter etwas gemeinsam zu unternehmen und einander zu versichern, daß die Beziehung wegen dieser schönen Erlebnisse wichtig ist.

Sie können zum Beispiel sagen: «Es ist mir egal, ob wir je genug Geld haben. Es ist einfach schön, mit dir zusammenzusein.»

Oder: «Die ganze Woche über freue ich mich bei der Arbeit auf unser gemeinsames Wochenende.»

Eine andere positive Aussage wäre: «Vielleicht passen wir gerade deshalb so gut zusammen, weil wir verschiedene Interessen und Bedürfnisse haben – wir ergänzen einander.»

Während die Partner sich bemühen, mehr Zeit gemeinsam zu verbringen und mehr Spaß miteinander zu haben, müssen sie auch versuchen, weniger Kritik zu üben und sich nicht ständig an den anderen zu wenden, wenn sie Angst haben.

Eine Frau kann zu ihrem Mann sagen: «Wenn ich mir Sorgen wegen des Geldes mache, rufe ich meine Freundin an. Aber wenn ich Spaß haben will, rede ich mit dir.» Es geht darum, daß wir Verantwortung für uns selbst übernehmen und auch Freunde und Verwandte um Hilfe bitten, anstatt uns ausschließlich auf den Partner zu verlassen.

Seien Sie großzügig und liebevoll

Jeder Partner sollte mit Worten und Taten großzügig sein. Loben Sie Ihren Partner, bewundern Sie seine Arbeit, schenken Sie ihm etwas, überlassen Sie ihm Entscheidungen, die mit der Familienkasse oder den Kindern zu tun haben.

Zu einer erfolgreichen Ehe gehört, daß beide Partner lieben und geliebt werden wollen, daß sie geben und nehmen wollen. Das ist nicht einfach. Mann und Frau müssen jeden Tag daran denken, daß Nehmen *und* Geben das Fundament der Ehe ist, und beide müssen sich bemühen, dem anderen jeden Tag Zuwendung, Anerkennung, Rücksicht, materielle Dinge und Liebe zu geben.

Freuen Sie sich über das, was Sie haben

Bisher haben Sie ständig an das gedacht, was Sie nicht haben. Es ist aber genauso einfach, an das zu denken, was Sie haben! Der wertvollste Besitz eines Paares läßt sich nicht in Mark und Pfennig messen, denn es ist kein materieller Besitz. Ersetzen Sie also das Gefühl der Leere durch das Gefühl, reich an materiellen und spirituellen Gütern zu sein. Konzentrieren Sie sich nicht mehr auf das, was Ihnen fehlt oder was Sie haben wollen, sondern nur noch auf das, was Sie bereits besitzen.

Ersetzen Sie Provokation durch Spiel

Anstatt auf eine Provokation mit einem Streit zu reagieren, ist es besser, sie als Aufforderung zu einem Spiel zu betrachten. Ein Streit, vor allem wenn er sich um Geld dreht, kann so heftig werden, daß er in körperliche Gewalt mündet. Gegenseitige Beschuldigungen und Gespräche über Geldprobleme führen oft zu bitteren Auseinandersetzungen. Aber es ist möglich, auf Kampfansagen liebevoll und humorvoll zu reagieren.[1]

Ein Beispiel: Ein junger Zahnarzt und seine Frau hatten schreckliche Auseinandersetzungen über das Geld. Sie wollte Aktien und Anleihen kaufen und Sparkonten anlegen. Er wollte das Geld in seine Praxis stecken, Geräte kaufen und mehr Mitarbeiter einstellen. Die Frau beklagte sich ständig darüber, daß er nicht genug Geld auf die Seite lege. Wenn sie mit Freunden essen gingen, wenn sie ins Kino gingen oder einen Spaziergang machten, erinnerte sie ihn daran, daß sie nicht genug sparten. Er reagierte mit Verlegenheit oder Wut. Eine ansonsten gute Beziehung drohte zu scheitern.

Als die beiden mich konsultierten, schlug ich eine einfache Lösung vor: Sie sollten an einem bestimmten Abend essen gehen und dabei über Geld reden. Abgesehen von diesem Abend waren sämtliche Gespräche über Geld verboten. Sie versuchten es; aber die Frau konnte der Versuchung nicht widerstehen, auch bei anderen Anlässen auf das Thema anzuspielen.

Also riet ich ihnen, daß der Mann jedesmal, wenn sie außerhalb der vereinbarten Zeit über Geld redete, sofort anfangen sollte, sich auszuziehen. Um nicht aufzufallen, sollte er mit der Krawatte beginnen und nur, wenn sie nicht aufhörte, den Gürtel abnehmen oder die Schuhe ausziehen. Danach waren allerdings das Hemd und andere Kleidungsstücke an der Reihe – selbst wenn er letztlich nackt dastehen würde. Das sollte er genau dort tun, wo sie sich befanden – gleich ob zu Hause, auf einer Party oder auf der Straße. Er sollte erst dann damit aufhören, wenn sie aufhörte, über Geld zu reden. Das würde sie daran erinnern, daß sie das Thema nur einmal in der Woche bei einem Abendessen anschneiden durfte. Und er würde auf ihre Provokation mit einem Spiel reagieren.

Der Mann lachte über diese Idee, und seine Frau sagte: «Das traust du dich bestimmt nicht!»

«O doch!» entgegnete er. Und er tat es wirklich.

Er mußte einige Male drei oder vier Kleidungsstücke ablegen, während sie mit Freunden zusammen waren – dann hörte sie mit ihren Anspielungen auf. Zu Hause machte sie so lange weiter, bis er nackt war; dann brach sie in Gelächter aus. Bald hatten sie ihre Auseinandersetzungen über das Geld im Griff. Die Frau entdeckte einen lustigen, exhibitionistischen Zug an ihrem Mann, von dem sie vorher gar nichts gewußt hatte.

Diese Methode, Interaktionen zu verändern, wurde von Studien inspiriert, die belegen, daß Hunde, Biber und andere Tiere manchmal ein Verhalten an den Tag legen, das Menschen als aggressiv bezeichnen würden, während Artgenossen es als Spiel erkennen.

Interaktionen zwischen Menschen lassen sich ebenfalls so verändern, daß Situationen, anstelle in Aggression und Gewalt zu entgleisen, in Humor und Spiel münden. Darum sollten Paare aus provozierender Feindseligkeit ein Spiel machen, wann immer es möglich ist.

Unsere Bedürfnisse und wir

Megan und Larry verwendeten ihre ganze Energie auf den Kampf. Anstatt zusammenzuarbeiten und gemeinsam im Leben weiterzukommen, stritten sie über das, was sie vermißten: Geld, Essen, Sex und die ehemalige Freundin. Beide wollten soviel wie möglich bekommen und sowenig wie möglich geben. Megan wollte, daß Larry ihre Einstellung zum Essen bedingungslos unterstützte. Larry wollte, daß Megan seine Vorstellungen vom Sex bedingungslos teilte. Beide wollten möglichst wenig arbeiten – der andere sollte das Geld besorgen, das sie brauchten. Gewiß, viele Menschen wollen ebenfalls ihre eigenen Bedürfnisse befriedigen und vom Partner bedingungslos unterstützt werden. Aber Reife bedeutet auch die Einsicht, daß wir geben müssen, um zu bekommen.

Es ist schwer zu akzeptieren, daß wir von anderen nicht erwarten dürfen, unsere Bedürfnisse und Wünsche zu befriedigen, wenn wir ihnen nicht entgegenkommen. Gegen Wünsche ist nichts einzuwenden, sofern sie mit Geben einhergehen. In einer Ehe gibt es keine Garantie dafür, daß uns Gerechtigkeit zuteil wird. Manchmal geben wir mehr, als wir empfangen. Wir können den Streit aber nur dann beenden, wenn wir die Vorstellung aufgeben, daß wir allein der empfangende Teil sind. Sobald wir uns auf das Geben konzentrieren, auf Großzügigkeit anstatt auf Verlangen, hängen wir nicht mehr vom Partner ab, und erst dann sind wir imstande, in unserem eigenen Interesse zu handeln.

Unsere «schwierigen Eltern»

Hin und wieder stellen wir alle die Frage: Woher kommt dieses Verlangen nach Geld? Warum bin ich so scharf auf Geld? Warum will ich immer mehr davon haben? Manchmal müssen wir die Ursache von Minderwertigkeitsgefühlen und Leere nicht in unserer Ehe suchen, sondern in der Kindheit. Fragen wir uns doch einmal: Wodurch bin ich so ängstlich geworden, was Geld betrifft? Woher kommt dieses Verlangen? Ist es der Wunsch, geliebt zu werden? Wie ist dieses Gefühl, nicht geliebt zu werden, entstanden? Warum komme ich mir so leicht lächerlich vor? Was ist mit mir als Kind geschehen?

Es ist wichtig, das Verhältnis zur eigenen Familie zu erörtern, um herauszufinden, welche Probleme dort aufgetreten sind. Wir müssen mit unserem Partner darüber reden, was in unserer Kindheit mit uns geschehen ist. Darum geht es im nächsten Kapitel.

Kapitel 3

Geld und «unsere schwierigen Eltern»

Heranwachsenden fällt es schwer, sich von den Eltern zu lösen. Diese Trennung ist ein Prozeß, der mitunter ein Leben lang dauert. Und wenn wir glauben, wir hätten uns wirklich von den Eltern gelöst, werden wir oft eines Besseren belehrt: Wir müssen uns um unsere alten Eltern kümmern. Also beginnt der Kampf von vorne. Offenbar gibt es keine Trennung, nur eine Beziehung, die sich verändert.

Aber was ist mit den Menschen, die weit entfernt von ihren Eltern leben und sie jahrelang nicht sehen? Haben sie sich nicht von ihnen getrennt? Vielleicht. Aber wenn sie ihr Leben immer noch so einrichten, als wollten sie sich gegen die Ansichten der Eltern wehren oder ihnen etwas beweisen, oder wenn sie ihre Eltern immer noch für alles verantwortlich machen, was in ihrem Leben schiefgegangen ist, kann von Trennung keine Rede sein. Einerlei, wie sehr wir uns bemühen, es ist äußerst schwierig, sich von den Eltern zu lösen. Sogar wenn sie gestorben sind, bleiben sie in unseren Gedanken lebendig.

Ein unsichtbarer Faden verbindet Eltern und Kinder über Entfernungen und Zeiten hinweg. Dieser Faden wird zur Schnur, wenn auch noch Geld damit verwoben ist. Geld ist oft eine geheime Nabelschnur im Kampf junger Erwachsener um die Loslösung von den Eltern. Kinder benutzen Geld unbewußt, um zu rebellieren und Vergeltung zu üben. Das zeigt sich daran, wieviel sie verlangen und was sie damit tun. Eltern benutzen Geld unbewußt, um ihre Kinder zurückzuweisen oder festzuhalten. Das zeigt sich daran, wieviel sie geben und was sie dafür haben wollen.

Wir lassen die Eltern zahlen

Die meisten Menschen neigen dazu, die Eltern für alle ihre Fehler und Schwächen verantwortlich zu machen. Wenn sie schüchtern, zornig, übergewichtig oder ängstlich sind, haben die Eltern etwas falsch gemacht.

Warum schieben wir die Schuld unseren Eltern zu? Glauben wir wirklich, daß sie soviel Verantwortung für unser Schicksal tragen? Liegt es in der Natur des Menschen, den Eltern zu grollen? Wenn wir sie für alle unsere Fehler verantwortlich machen, warum loben wir sie dann nicht für unsere Tugenden und Erfolge?

Vorwürfe gegen die Eltern helfen uns, unsere derzeitigen Beziehungen zu schützen. Die Liebe der Eltern ist meist bedingungslos. Wir können sie angreifen und beschuldigen und dennoch sicher sein, daß sie uns vergeben und weiterhin lieben. Für unsere Partner, Freunde und Kollegen gilt das gewöhnlich nicht.

Wenn wir die Ursachen all unserer Probleme nicht bei den Eltern suchen würden, müßten wir sie in unseren derzeitigen Beziehungen suchen. Doch wenn ein Mann nicht seiner Mutter, sondern seiner Frau vorwirft, ihn zu ängstigen, kann dies die Trennung von ihr bedeuten. Und wenn eine Frau merkt, daß ihre Depressionen und ihre Angst vor Versagen etwas mit der Rivalität zwischen ihr und ihren äußerst erfolgreichen Freunden zu tun hat, könnte sie diese Freunde verlieren. Es ist also einfacher, die Eltern und die Kindheit zu beschuldigen, als das Risiko einzugehen, die Ehe, die Arbeit oder die Freunde zu verlieren.

Die Tatsache, daß Vorwürfe gegen die Eltern für uns nützlich sind, erklärt auch den Erfolg von Ratgebern, die sich mit dem «inneren Kind» befassen. Diese Bücher und auch Selbsthilfegruppen zu dem Thema bestätigen, was wir bereits wissen: daß Vorwürfe gegen die Eltern uns nicht nur davor bewahren, die

Verantwortung für unser Leben selbst zu übernehmen, sondern auch unsere derzeitigen Beziehungen schützen.

Aber manchmal kommen wir im Leben nicht weiter, wenn wir unsere Eltern nicht damit konfrontieren, was sie uns angetan haben. Es gibt sogar Situationen, in denen es nicht genügt, die Eltern nur zur Rede zu stellen – sondern in denen es gilt, sie zur Rechenschaft zu ziehen.

Manche Menschen beenden ihre Kindheit als unschuldige Opfer von Verbrechen, und dafür sollten die Schuldigen bezahlen, und sei es nur in Form einer symbolischen Entschädigung. Wenn kein Geld da ist oder wenn Geld den Schaden nicht wiedergutmachen kann, ist es wenigstens möglich, um Verzeihung zu bitten. Oft kann ein junger Mensch nicht wirklich erwachsen werden, solange die Eltern den Schaden, den sie angerichtet haben, nicht zugeben.

Kriminelle Väter

Ich lernte Kevin durch seine kleine Tochter kennen. Eine Familientherapeutin bat mich um ein Gespräch, weil das Kind an einem sehr schweren Diabetes litt, der sein Leben bedrohte. Die Ärzte waren der Meinung, die seelische Instabilität des Kindes sei die Ursache seiner häufigen Krisen. Beatrice war erst zehn Jahre alt, aber schon so verstört, daß sie versucht hatte, sich mit einer Überdosis Insulin das Leben zu nehmen.

Selbstmorddrohungen und -versuche sind in diesem Alter sehr selten. Darum war mir klar, daß Beatrice die Phantasien eines anderen Menschen auslebte. Jemand in der Familie forderte sie unbewußt auf, sich das Leben zu nehmen, und dieser Jemand war wahrscheinlich ein Elternteil, der glaubte, das Leben sei zu hart, und es lohne sich nicht zu leben.

Als ich Kevin, Beatrices Vater traf, wußte ich sofort, daß er es war. Gleich zu Beginn unseres Gesprächs sagte er zu mir: «Ich kann es ihr nicht verdenken, daß sie sterben will. Es ist so schwer, mit einer chronischen Krankheit zu leben. Im Grunde geht es ihr genau so, wie es mir als Kind ergangen ist. Ich wollte als Kind oft sterben. Und ich bin immer noch oft deprimiert.»

Gespräche mit der Familie zeigten mir, daß Beatrice sich große Sorgen um den Vater machte. Kevin war Musiker, der zwar nicht genug Geld verdiente, sich aber weigerte, ernsthaft an einen Berufswechsel zu denken. Gelegentlich nahm er Teilzeitarbeit an. Als er von seinen Schwierigkeiten erzählte, sah Beatrice ihn traurig an.

Mein erster Eindruck war, daß Beatrice ihren Vater bewunderte und daß seine häufigen und tiefen Depressionen sie in die Verzweiflung trieben. Einerlei, wie ich das Mädchen behandelte, ich mußte auch etwas für ihren Vater tun, weil ich ihr sonst nicht helfen konnte. Die Angst um den Vater hatte sie derart aufgewühlt, daß die Ärzte ihren Blutzuckerspiegel nicht mehr im Griff hatten. Um ihr zu helfen, mußte ich herausfinden, warum ihr Vater so depressiv war.

Ich traf mich mit Kevin allein, weil ich den Verdacht hatte, daß er mir etwas zu berichten hatte, was nicht für die Ohren von Kindern und vielleicht nicht einmal für die Ohren seiner Frau bestimmt war. Ich erinnerte ihn an seine Worte während unserer ersten Begegnung – daß er eine sehr traurige Kindheit gehabt und sogar an Selbstmord gedacht habe – und fragte ihn nach den Gründen. Was war damals mit ihm geschehen?

Mit zitternder Stimme erzählte er mir, daß sein Vater ihn sexuell mißbraucht habe, vom fünften Lebensjahr an bis in die Pubertät. Er hatte niemandem davon erzählt. Als sein Vater starb, rechnete Kevin mit einer großen Erbschaft, und wegen dieser Erwartung hatte er nie eine Berufsausbildung gemacht. Er hatte geglaubt, sich seinen Lebensunterhalt nicht verdienen zu müssen. Er würde ja reich sein, und die Erbschaft würde ihn für die Schmerzen entschädigen, die sein Vater ihm zugefügt hatte.

Als er erfuhr, daß es kein Erbe gab, war er davon überzeugt, daß seine Mutter ihn betrogen hatte. Er stellte sie zur Rede und glaubte ihr nicht, als sie beteuerte, der Vater habe nur Schulden hinterlassen. Er hatte ihr nie von dem Mißbrauch erzählt, aber er beschuldigte sie, ihn nicht vor seinem Vater geschützt zu haben. Und nun warf er ihr auch vor, ihn zu bestehlen. Die Folge war, daß seine Mutter und er seit der Beerdigung nicht mehr miteinander gesprochen hatten.

Es ist nicht ungewöhnlich, daß ein Kind aus einer wohlhabenden Familie hofft, eine stattliche Erbschaft werde es für einen Mißbrauch entschädigen. Aber wenn Kevin seine Kindheit hinter sich lassen wollte, mußte er seiner Mutter die Wahrheit über den Vater erzählen und im Gegenzug von ihr erfahren, was mit dem Geld des Vaters wirklich geschehen war. Dadurch, daß er der Mutter den sexuellen Mißbrauch verschwieg, bewahrte er immer noch das Geheimnis, das der Vater ihm aufgezwungen hatte. Und weil er die Wahrheit über das Geld nicht kannte, träumte er immer noch davon, er sei ein Kind, das nicht arbeiten und keine Familie ernähren muß.

Hätte Kevins Vater noch gelebt, hätte ich ihn mit dem Mißbrauch konfrontiert und von ihm verlangt, Kevin für das Verbrechen zu entschädigen. Aber der Mann war tot. Das Beste, was ich tun konnte, war, mit der Mutter zu sprechen, um herauszufinden, ob sie etwas wiedergutmachen konnte.

Mit einiger Mühe überzeugte ich Kevin davon, daß ich seine Mutter einladen mußte, mit ihm und mir zu reden. Nur so konnten wir herausfinden, ob sie von dem Verbrechen an ihrem Sohn gewußt hatte. Ich versicherte ihm, das werde auch die Diskussion über das Vermögen der Familie erleichtern.

Die Mutter nahm die Einladung ohne Zögern an und flog sechs Stunden, um zu mir in die Praxis zu kommen. Sie sagte, sie habe nie verstanden, warum Kevin so wütend auf sie sei. Ich informierte sie darüber, daß ihr Sohn als Kind von seinem Vater sexuell mißbraucht worden war. Sie war entsetzt und weinte, und sie versicherte, davon nichts gewußt zu haben. Ich bat sie, sich bei Kevin dafür zu entschuldigen, daß sie ihn nicht vor seinem Vater beschützt hatte – dafür, daß sie keinen Verdacht geschöpft und nicht einmal bemerkt hatte, daß ihr Sohn verstört war und litt. Sie bat ihn aufrichtig um Verzeihung und sagte, sie hätte sich nicht nur von ihrem Mann scheiden lassen, sondern ihn auch ins Gefängnis gebracht.

Dann sprach ich das Thema Geld an, und sie wies Kevin nach, daß sie selbst in Armut lebte, weil ihr Mann nur Schulden hinterlassen hatte. Er hatte sie immer nur tyrannisiert. Sie hatte nie Einfluß darauf gehabt, was er verdiente und wie er das Geld ausgab. Mutter und Sohn weinten, als sie sagte, Kevin sei alles, was sie noch habe, und auch ihn habe sie verloren. Sie versöhnten sich, und zum erstenmal hatten Beatrice und ihre Schwester eine Großmutter.

Kevin ging es langsam besser. Nachdem er seine Beziehung zu seiner Mutter wiederaufgenommen und erkannt hatte, daß er von seinem Vater nichts mehr zu erwarten hatte – weder Schmerzen noch Geld –, erholte er sich allmählich. Er mußte jetzt auf eigenen Füßen stehen. Jetzt konnte er erwachsen werden und seinen Kindern ein guter Vater sein – denn seine Mutter hatte zugegeben, daß ihm Unrecht geschehen war und daß sie ihn nicht beschützt hatte. Hätte Kevin seinen Vater vor dessen Tod zur Rede gestellt und Wiedergutmachung von ihm verlangt, hätte er sich viel Leid erspart. Seine Kinder hätten einen besseren Vater, seine Frau einen besseren Mann gehabt.[1]

Auch Beatrice machte Fortschritte. Monate später, als ihr Zustand sich stabilisiert hatte, schickte sie mir einen kurzen Brief und berichtete, sie sei glücklich, weil es ihrem Vater bessergehe. Jetzt war sie imstande, sich weiterzuentwickeln und das Beste aus ihrer Situation zu machen. Sie konnte sich dabei ein Beispiel an ihrem Vater nehmen.

Wiedergutmachung

Zum Glück wurden die meisten von uns als Kinder nicht von ihrem Vater mißbraucht; aber viele wurden körperlich mißhandelt oder vernachlässigt. In solchen Fällen ist es wichtig für ihr Wohlbefinden und das ihrer Kinder, die Eltern zur Rede zu stellen und Wiedergutmachung zu fordern.

Gerechtigkeit in der Familie ist ebenso wichtig wie Gerechtigkeit in der Gesellschaft. Wenn wir Opfer eines Verbrechens wurden und darüber schweigen, werden wir zu Komplizen. Wenn das Geheimnis enthüllt wird, kann der Täter in der Regel bestraft werden. Aber das genügt nicht – auch die Familie muß bestraft werden.

Die Wiedergutmachung am Opfer ist Teil dieser Strafe. Das ist der Beginn des Wandels in der Beziehung zwischen Eltern und Kindern, und es ist eine Mahnung an künftige Generationen, zu lieben und zu geben, anstatt grausam zu sein.

Geheimnisse

Beatrices Familie hatte sexuelle und finanzielle Geheimnisse. Beide hängen oft zusammen. Wenn es in einer Familie zu sexuellen Übergriffen kommt, besteht Grund zu der Annahme, daß es auch finanzielle Übergriffe gibt, die ebenso ernst sind.

Wenn Mann und Frau einander sexuell betrügen, sind sie oft auch nicht ehrlich, wenn es ums Geld geht. Und wenn ein Elternteil ein Kind sexuell mißbraucht, gibt es in der Familie häufig auch finanziellen Mißbrauch.

Zwischen Geld und Sex gibt es Verbindungen. Übergriffe in einem dieser Lebensbereiche treten häufig gleichzeitig mit Übergriffen im anderen auf. Das mag vielleicht daran liegen, daß die ganze ethische Grundlage der Familie zusammenbricht, sobald in einem Bereich fundamentale Gesetze gebrochen werden. Darum gehen finanzielle Übergriffe nicht nur mit sexueller Gewalt einher, sondern auch mit Mißhandlungen, Lügen und Betrug in anderen Lebensbereichen.

Wir kümmern uns um die Eltern

Menschen sind die einzigen Geschöpfe, die sich um ihre Eltern kümmern. Am Anfang unseres Lebens sind wir von den Eltern vollständig abhängig; später müssen wir uns auf eine Ebene mit ihnen stellen. Und eines Tages müssen wir für unsere Eltern sorgen, wenn sie nicht mehr imstande sind, dies selbst zu leisten. Dies ist vielleicht der schwierigste Übergang im Leben eines Menschen: die Bedürfnisse der Eltern zu befriedigen, die einst alle seine Bedürfnisse befriedigt haben.

Die meisten Menschen machen ihre schwierigste Zeit als Heranwachsende und junge Erwachsene durch. In dieser Lebensphase wird uns bewußt, daß wir allmählich stärker und fähiger werden als unsere Eltern. Und gerade in dieser Zeit ist unser Bedürfnis nach Anerkennung am größten. Wir sehnen uns danach, gehört zu werden. Wir haben feste Überzeugungen und wollen andere beraten, vor allem unsere Eltern. Eltern müssen junge Leute respektieren und sogar auf ihren Rat hören, damit aus Kindern erfolgreiche Erwachsene werden. Sie müssen die Liebe und Unterstützung der Kinder akzeptieren.

Für einen jungen Menschen ist es sehr schwierig, erwachsen zu werden, wenn die Eltern überaus tüchtig, unabhängig und erfolgreich sind. Wenn die Eltern in allen Bereichen des Lebens Erfolg haben, wächst in den Kindern das Gefühl, ihnen nie ebenbürtig zu sein und, wichtiger noch, nicht gebraucht zu werden und nie etwas für die Eltern tun zu können.

Gute Absichten

Emotional unabhängige Eltern sind also für die Kinder nicht ganz einfach. Aber diese haben es noch schwerer, erwachsen zu werden, wenn die Eltern schon sehr früh auf ihre Hilfe angewiesen sind. Es ist nicht leicht, erwachsen zu werden, wenn man keine Kindheit hat.

Das war Megans Situation. Im vorigen Kapitel haben wir uns von ihr verabschiedet, als sie ihre Schwiegermutter zum Essen einlud.

Sowohl Megan als auch Larry waren Einzelkinder. Larrys Vater hatte die Familie verlassen, als Larry noch ein Kind war, und seine Mutter war depressiv gewesen und hatte fast ihr Leben lang Medikamente eingenommen. Larry zweifelte nicht daran, daß seine Eltern, nicht seine Ehe an den meisten seiner Probleme schuld waren. Megan war das Kind gutsituierter Eltern, die der Mittelschicht angehörten. Sie war mit einem Klumpfuß geboren worden und hatte als Kind Operationen, Gipsverbände und andere Vorrichtungen über sich ergehen lassen müssen. Damals hatte sie im Bett ihrer Eltern geschlafen, weil diese sich große Sorgen um sie machten. Sie schlief bei ihnen, bis sie zwölf war; dann bekam sie auf ihr Drängen endlich ein eigenes Zimmer. Bald darauf trennten sich die Eltern.

Als Jugendliche war Megan wild und aufsässig, aber es gelang ihr, in der Schule gute Noten zu bekommen. Mit siebzehn riß sie aus und fuhr nach New York, und schließlich wurde sie von einem College aufgenommen. Von ihrer Mutter bekam sie ein wenig Geld. Und als es in Megans Ehe kriselte, bezahlte ihre Mutter die Therapie.

Megans Mutter war nach ihrer Scheidung eine erfolgreiche Geschäftsfrau geworden. Als ich erfuhr, daß sie in die Stadt kommen würde, bat ich Megan, sie in meine Praxis mitzubringen. Ich sagte Megan, die Ursache ihrer Probleme seien hauptsächlich ihre Eltern, nicht Larry, und bat sie um Erlaubnis, offen mit ihrer Mutter zu reden.

Janet, ihre Mutter, war attraktiv und sah jung aus. Allerdings war sie zu stark geschminkt. Ihr tiefschwarzes Haar und die falschen Wimpern verliehen ihrem Gesicht eine gewisse dramatische Strenge. Sie schien nervös zu sein, aber sie war überaus herzlich und beantwortete meine Fragen bereitwillig.

«Warum schlief Megan zwölf Jahre lang bei Ihnen und Ihrem Mann?» fragte ich.

In meinen fünfundzwanzig Jahren als Therapeutin war mir diese Situation noch nie begegnet. Die Tatsache, daß Megan ein fast normales Leben führen, heiraten und ein College abschließen konnte und daß ihre Intelligenz offenbar ziemlich intakt war, beweist, daß Menschen sehr widerstandsfähig sind.

Janet lachte nervös und sagte: «Die traurige Wahrheit ist, daß ich mir nichts dabei gedacht habe. Das ist wirklich die Wahrheit. Ich weiß, es hört sich krankhaft und verrückt an, aber damals kam es uns nicht so vor, weil wir einander sehr liebten.»

Janet erzählte, sie habe sehr gelitten, weil Megan als kleines Mädchen so viele Schmerzen erdulden mußte. «Sie war erst fünf Wochen alt, als man sie in Gips legte!» sagte sie und brach in Tränen aus. «Ich liebte sie so sehr, und wenn ich daran denke, wie sie leiden mußte ... kein Kind sollte so etwas durchmachen!»

Janet erzählte, was für ein schönes Kind Megan gewesen sei. Sie sagte, nach ihrer Scheidung habe sie keinen Freund gesucht – aus Angst, er werde Megan sexuell belästigen.

Ich sagte: «Das erinnert mich an etwas, was Megan mir erzählt hat. Nach der Scheidung kam ihr Vater eines Abends betrunken nach Hause, verwechselte sie mit seiner Freundin und befummelte sie. Wußten Sie davon?»

«Nein», sagte Janet.

«Ich dachte, ich hätte es dir erzählt», sagte Megan. «Er zog mich unter seine Decke und betatschte mich von oben bis unten. Ich konnte mich fast nicht losreißen. Es war das schlimmste ...» Sie schauderte.

«Das ist ja schrecklich», sagte die Mutter.

Ich fragte: «Glauben Sie, daß er das auch getan hat, als Megan jünger war?»

«Ich bin nicht naiv», sagte Janet. «Das hätte ich bestimmt gemerkt.»

«Ich finde, Sie sollten sich bei Megan dafür entschuldigen, daß Sie sie nicht beschützt haben, obwohl ich weiß, daß Sie nicht da waren und daß es nach der Scheidung geschah», sagte ich.

«Wie alt warst du damals?» fragte Janet.

Megan antwortete: «Ich lief draußen allein herum, seit ich neun oder zehn war. Wenn ich bei ihm war, konnte sie nichts für mich tun.»

«Sie war stark und selbständig», unterbrach ihre Mutter, «ich weiß nicht, wie ich das hätte verhindern können. Aber natürlich tut es mir leid, daß sie ihren Vater so erlebt hat. Ich kann es nicht glauben – er war so ein fürsorglicher Vater. Aber jetzt fällt mir ein, daß er sie nach der Scheidung nie finanziell unterstützt hat. Wenn man jemanden liebt, findet man einen Weg, zu helfen. Man hat doch Verantwortung!»

«Sie haben recht», sagte ich. Auf diese Gelegenheit hatte ich gewartet. Janet hatte spontan gesagt, daß ein Mensch, der einen anderen liebt, einen Weg findet, dem anderen finanziell zu helfen. Ich hatte sie nicht nur eingeladen, damit sie sich bei Megan für die vielen Fehler entschuldigte, die sie gemacht hatte, sondern auch, damit sie Wiedergutmachung in Form von Geld leistete.

Janet fuhr fort: «Wenn *ich* gut verdienen konnte, hätte er ihr auch ein wenig helfen können. Es überrascht mich, daß er sich seiner Verantwortung entzogen hat. Das macht mich richtig krank – ich könnte mich übergeben!»

«Ja, genau», sagte Megan. «Es ist zum Kotzen.»

Nun verstand ich, warum Megan sich nach dem Essen übergab. Ihr wurde übel, weil sie in den ersten zwölf Jahren ihres Lebens im Bett ihres Vaters geschlafen hatte, der versucht hatte, sie sexuell zu mißbrauchen und ihr jede seelische und finanzielle Unterstützung verweigert hatte.

Ich sagte: «Sagen Sie Megan, daß Sie sie beschützt hätten und daß es Ihnen leid tut, es nicht getan zu haben.»

«Ich hätte alles getan, um sie davor zu bewahren. Ich weiß nicht, wie ich ihr noch mehr zeigen oder sagen könnte, wie leid mir alles tut, was sie durchmachen mußte. Ich weiß nicht, was ich tun soll. Ich kann es ja nicht ungeschehen machen.»

Megan sagte: «Am wichtigsten ist, daß du es zugibst. Ich habe dir nämlich davon erzählt, und du hast damals gesagt, du wüßtest nichts davon. So ist es immer. Du willst, daß alles perfekt aussieht – fang keinen Streit an, beharre nicht auf deinem Standpunkt. Ich habe tagelang gehungert, und du hast es nicht einmal gemerkt. Du würdest sagen, ich hätte eine Diät gemacht.»

Auf meinen Rat hin bat Janet unter Tränen um Verzeihung dafür, daß sie Megan gezwungen hatte, bis zu ihrem zwölften Lebensjahr im Ehebett zu schlafen, und daß sie ihre Tochter als Teenager vernachlässigt hatte. Dann fragte ich sie, ob sie Megan finanziell helfen könne, und sie sagte, das sei kein Problem. Sie lebte allein in einem großen Haus, das sie behalten hatte, weil es eines Tages Megan gehören sollte. Das Haus belastete sie finanziell; dennoch war sie bereit, Megan nach dem Examen zu helfen, damit sie sich eine Karriere aufbauen konnte, und sie wollte auch die Anzahlung übernehmen, wenn das junge Paar sich ein Haus kaufte.

Larry freute sich sehr über Janets Angebot. Weil sie so großzügig war, war er seinerseits bereit, Megan mehr zu geben. Ihre Beziehung verbesserte sich. Sie zogen in eine schönere Gegend und waren glücklich darüber. Und sie waren glücklich miteinander.

Mutter ist die Beste

In jeder Familie gibt es Regeln über das Verhältnis zwischen Männern und Frauen. Darüber wird nur selten offen gesprochen, aber eine Generation gibt diese Regeln an die andere weiter. Kinder beobachten die Eltern und entscheiden sich später oft für einen Partner, mit dem sie eine ähnliche Beziehung eingehen können wie die Eltern. Selbst wenn die Ehe der Eltern sehr unglücklich war, scheinen junge Menschen jemanden zu suchen, mit dem sie so unglücklich werden können, wie die Eltern es sind.

Es ist seltsam, daß Menschen diese alten familiären Muster wiederholen, anstatt glücklichere Beziehungen anzustreben. Vielleicht gibt eine vertraute Beziehung ihnen mehr Sicherheit als eine Beziehung, die vielleicht glücklich, aber ungewohnt ist.

Larry und Megan stammen aus ähnlichen familiären Verhältnissen. Beide haben starke Mütter und verantwortungslose, gescheiterte Väter. Larrys Vater hatte die Familie verlassen, als Larry noch sehr jung war; also war die Mutter seine einzige Stütze, als er heranwuchs. Megans Vater war schon vor der Scheidung unzuverlässig, und danach ließ er nichts mehr von sich hören. Er wurde Alkoholiker, verdiente kein Geld, verweigerte Megan jede finanzielle und emotionale Unterstützung und belästigte sie sogar. Die Mütter der beiden standen dagegen auf eigenen Füßen und kümmerten sich liebevoll um die Kinder.

Das Motto dieser Familienstruktur möchte ich mit «Mutter ist die Beste» betiteln. Der Vater taugt nichts; er gibt weder Geld noch Zuwendung. Die Mutter arbeitet, verdient den Unterhalt und trifft die Entscheidungen, während sie verheiratet ist (oft nicht lange). Sie ist großzügig zu den Kindern und verhilft ihnen zu einer guten Ausbildung und damit zu einem guten Start ins Leben. Die Kinder bleiben eng mit ihr verbunden und haben oft

Schwierigkeiten, einen Partner zu finden, weil die Bindung an die Mutter stärker ist. Es fällt ihnen schwer, unabhängig und finanziell erfolgreich zu werden, weil sie wissen, daß sie sich immer auf die Mutter verlassen können – sie bringt jedes Opfer, um ihnen zu helfen.

Als Megan und Larry heirateten, folgten sie diesem Muster. Megan war intelligenter, gebildeter und tüchtiger. Larry hatte nur die High-School besucht, Megan ein angesehenes College. Larrys Interesse an der Rockmusik brachte ihm nicht viel ein. Er wollte möglichst viel Geld mit möglichst wenig Anstrengung verdienen, und der Umstand, daß er sich wegen Geld sogar mit Homosexuellen eingelassen hatte, verrät eine Charakterschwäche, die an seinen und Megans Vater erinnert. Selbst Megans Mutter war wohlhabender und erfolgreicher als Larrys Mutter.

Mir war klar, daß ich mein Bestes tun mußte, um die Beziehung des jungen Paares so zu beeinflussen, daß die beiden eine bessere Ehe als ihre Eltern führen konnten. Obwohl ich sah, daß sie einem alten Familienmuster gefolgt waren, als sie sich füreinander entschieden hatten, unternahm ich einige Schritte, die einen Neubeginn leichter machten.

Vier Schritte, die die Beziehung verbessern

Im vorigen Kapitel habe ich schon Schritte beschrieben, mit denen ein junges Paar seine Ehe verbessern kann. Hier sind vier weitere Möglichkeiten, bei denen auch die ältere Generation beteiligt ist.

Machen Sie Ihre Eltern verantwortlich

Machen Sie weder sich selbst noch Ihren Partner verantwortlich, sondern bemühen Sie sich, Ihre Fehler, Schwächen und

Beziehungsprobleme durch das Versagen der Eltern zu erklären. Sie können alles, was Ihrem Partner an Ihnen nicht gefällt, als Folge Ihrer Kindheit betrachten. Alles, was an Ihnen unangenehm ist, ist die Folge von Mißbrauch, Vernachlässigung, Gefühlskälte, Aufdringlichkeit oder anderen Fehlern, die Ihre Eltern begangen haben.

Auf diese Weise befreien Sie sich von jeder Verantwortung für Ihr Verhalten. Und Sie befreien Ihren Partner, der möglicherweise glaubte, er sei an Ihrem falschen Verhalten schuld. Wenn Sie die Schuld Ihren Eltern geben, helfen Sie außerdem Ihrem Partner, Sie in einem besseren Licht zu sehen. Anstatt zu glauben, Sie seien zornig, depressiv oder verantwortungslos, wird Ihrem Mann oder Ihrer Frau klar, daß Sie nur ein Opfer sind, das Liebe und Mitgefühl verdient.

Nichts schweißt ein Paar stärker zusammen als ein gemeinsamer Feind. Ihre Eltern können Ihrer Ehe helfen, indem sie das Ziel Ihrer Vorwürfe werden. Sie brauchen nicht zu befürchten, daß Sie damit Ihre Beziehung zu den Eltern aufs Spiel setzen. Es mag sein, daß sie eine Zeitlang verstimmt sind, aber das geht vorbei. Von Geschwistern oder Freunden dürfen wir keine bedingungslose Liebe erwarten. Darum ist es nicht ratsam, auch sie für unsere Fehler verantwortlich zu machen – sie werden es uns wahrscheinlich nicht verzeihen.

Geld, Zuneigung und Essen sind die drei Bereiche, in denen Schuldzuweisungen an die Eltern besonders nützlich sind. Einerlei, welche Schwächen Sie in diesen Bereichen aufweisen, Sie können sie unter Hinweis auf Ihre Kindheit wegerklären. Wenn Sie beispielsweise knauserig sind und Ihr Einkommen nicht mit dem Partner teilen wollen, dann ist Ihre Erziehung daran schuld. Ihr Vater hat Ihnen nie etwas geschenkt, und vielleicht hat Ihre Mutter Geld verschwendet, oder Ihre Eltern waren arm. Das sind gute Rechtfertigungen für Ihre mangelnde Großzügigkeit.

Wenn Sie zu kühl sind oder ein übersteigertes Bedürfnis nach Zuneigung haben, könnte es daran liegen, daß Ihre Eltern Sie mit Liebe erstickt oder Ihnen nie genug Liebe gegeben haben. Wenn Sie zu dick oder zu dünn sind, dann haben Ihre Eltern Sie falsch erzogen. Ich könnte die Liste fortsetzen. So wie die Ursache der Wirkung vorausgeht, kommt die Vergangenheit vor der Zukunft, und unsere Eltern sind die Quelle unserer Vergangenheit und unserer derzeitigen Probleme.

Diese Strategie ist bei jungen Paaren besonders wirksam. Wenn die Zeit vergeht und die Ehe sich entwickelt, müssen die Partner reifen und mehr persönliche Verantwortung übernehmen. Schuldzuweisungen sind nicht absolut wahr; sie sind lediglich gute Hilfsmittel in bestimmten Phasen des Lebens.

Machen Sie Ihren Schwiegereltern keine Vorwürfe

Ihren eigenen Eltern können Sie meist ohne Risiko Vorwürfe machen, nicht aber Ihren Schwiegereltern. Sie lieben ihr Kind, empfinden aber keine bedingungslose Liebe für Sie. Wenn Sie sie kritisieren oder gegen sich aufbringen, kann Ihr Verhältnis zu ihnen – und zu Ihrem Partner – sich trüben, und es ist schwierig, den Schaden zu reparieren.

Seien Sie zu Ihren Schwiegereltern höflich und zurückhaltend, aber stimmen Sie Ihrem Partner rückhaltlos zu, wenn er seine Eltern kritisiert – am besten, ohne selbst Kritik zu äußern. Manche Leute sind grob zu ihren Eltern, werden aber wütend, wenn andere sie kritisieren. Beschränken Sie sich also auf Bemerkungen wie: «Das muß schwer für dich gewesen sein!», «Du hast bestimmt sehr gelitten!», «Meine Eltern waren genauso» oder «Meine Eltern waren das genaue Gegenteil».

Solche Kommentare sind harmlos, solange Sie sich nicht darum streiten, wer die schlimmeren Eltern hatte. Falls es dazu kommt, sollten Sie zugeben, daß Ihr Partner es mit seinen Eltern schwerer hatte (es sei denn, Sie wurden als Kind mißbraucht oder mißhandelt). Andernfalls besteht die Gefahr, daß die Schuldzuweisungen an die Eltern keine positive Wirkung haben, und das könnte Sie einander entfremden statt näherbringen.

Verlangen Sie Wiedergutmachung von den Eltern

Sagen Sie Ihren Eltern, was Sie brauchen. Geben Sie ihnen die Möglichkeit, Ihnen zu helfen. Es ist allerdings nicht ratsam, von ihnen ein neues Auto zu verlangen, weil sie als Kind nie von ihnen ins Bett gebracht wurden oder weil Ihnen niemand bei den Schularbeiten geholfen hat. Wenn Sie das versuchen, verwickeln Sie sich wahrscheinlich in endlose Streitereien über das, was wirklich geschah, als Sie ein Kind waren.

Besser ist es, die Eltern einfach wissen zu lassen, wie sehr Sie sie jetzt brauchen. Seien Sie zuvorkommend, aber bleiben Sie fest, und lassen Sie ihnen keine Ruhe, bevor sie Ihnen auf eine Art und Weise helfen, die Sie für vernünftig halten.

Vergeben Sie Ihren Eltern

Sobald Ihre Eltern Ihnen ausreichend geholfen haben, vergeben Sie ihnen in Ihrem Herzen. Das schließt nicht aus, daß Sie ihnen zu Hause im stillen Kämmerlein weiterhin die Schuld an Ihren Fehlern zuschieben. Wenn Sie die Eltern als gemeinsamen Feind brauchen, dann sollten Sie sie unter allen Umständen dafür benutzen – und selbst wenn Ihre Eltern das wissen, haben sie möglicherweise Verständnis dafür, weil es ihnen mit ihren Eltern nicht anders ging.

Vergessen Sie aber auch nicht, daß seit Ihrer Kindheit viele Jahre vergangen sind. Damals waren Ihre Eltern nicht die gleichen Menschen wie heute. Sie können durchaus den Eltern Ihrer

Kinderzeit Vorwürfe machen und mit Ihren heutigen Eltern gut auskommen.

Für ein junges Paar, das Schwierigkeiten überwinden muß, können Schuldzuweisungen an die Eltern sinnvoll sein – aber es muß über diese Phase hinwegkommen. Die meisten jungen Leute müssen lernen, daß ihre Vorwürfe gegen die Eltern manchmal hilfreich sein mögen, aber nicht unbedingt der Wirklichkeit entsprechen. Wenn ein älteres Paar immer noch dieselbe Methode anwendet, ist es nicht reifer geworden, sondern im Stadium des Streitens und der Rivalität mit dem Partner steckengeblieben. Ein reifes Paar sollte schon aufgrund seiner eigenen Erfahrungen als Eltern Mitgefühl empfinden und einsehen, daß Erwachsene für ihr Leben selbst verantwortlich sind.

Die Jahre vergehen, und wir bekommen selbst Kinder. Jetzt spielt das Geld nicht nur eine geheime Rolle in unserem Leben als junge Erwachsene, sondern übt seine verborgene Macht auch aus, wenn wir darüber nachdenken, was wir für unsere Kinder tun können. Damit wollen wir uns im nächsten Kapitel befassen.

Kapitel 4

Was wir mit Geld für unsere Kinder tun können

Als Eltern wollen wir unsere Kinder auf die Welt außerhalb der Familie vorbereiten. In dieser Welt werden bestimmte Verhaltensweisen belohnt oder bestraft. Der Lohn kann Geld, Macht, Liebe oder Anerkennung sein. In der Schule können Kinder all das bekommen – außer Geld. Was Geld bedeutet und wie man es verdient, lernen sie zu Hause.

Wir können ihnen dabei helfen, wenn wir sie für Arbeiten im Haus und für gute Noten in der Schule belohnen oder ihnen aus besonderem Anlaß etwas schenken. Wenn unsere Kinder an unseren Alltagssorgen teilnehmen und dazu beitragen, daß wir über die Runden kommen, lernen sie, wie das Leben wirklich ist. In der Familie lernen Kinder, Geld zu sparen, über Geld zu verhandeln, für Geld zu arbeiten, geizig oder großzügig zu sein.

Wir können das Selbstwertgefühl unserer Kinder stärken, wenn wir ihnen Geld geben, oder wir können ihnen beibringen, daß sie nichts haben und daß wir alles haben. Das ist eine der vielen geheimen Bedeutungen des Geldes.

Künstliche Bedürfnisse

Eltern geben ihren Kindern oft Dinge, die künstliche Bedürfnisse erzeugen, vielleicht mit der Absicht, ihnen diese «wertvollen» Dinge als Strafe wegnehmen zu können. Ein Vater kauft seinem Sohn eine Stereoanlage und droht später, sie ihm wegzunehmen, wenn er keine guten Schulnoten nach Hause bringt. Hätte er ihm die Stereoanlage nicht geschenkt, besäße der Junge vielleicht nichts, was er auf keinen Fall verlieren möchte.

Zwischen dem, der gibt und dadurch Bedürfnisse weckt, und dem, der etwas bekommt, was er zu verlieren fürchtet, entsteht ein Spannungsverhältnis. Es ist schwierig, sich dabei wohl zu fühlen. Wenn der Vater seinem Sohn die Stereoanlage wegnimmt, ärgert der Junge sich nicht nur über den Verlust, sondern auch darüber, daß er die Anlage überhaupt bekommen hat – und er vermutet, daß er damit manipuliert werden sollte. Wenn er die Stereoanlage behalten darf, fühlt der Vater sich ausgenutzt: Er gibt so viel und bekommt so wenig! Das Verhältnis zwischen Vater und Sohn kühlt sich immer mehr ab.

Wenn dieser Prozeß so weitergeht – der Vater schafft durch ein Geschenk neue Bedürfnisse, befriedigt sie und droht, das Geschenk wieder an sich zu nehmen –, gibt es zwischen Vater und Sohn kaum noch ein anderes Gesprächsthema. Geld und wichtige Dinge werden zum Mittelpunkt ihrer Beziehung.

Es kommt auf die Bedingungen an

Entscheidend ist, welche Bedingungen mit dem Geschenk verbunden sind. Manche Eltern wollen, daß es ihren Kindern an nichts fehlt, darum geben sie ihnen alles, was sie haben wollen, darunter vieles, was die Kinder gar nicht brauchen. So machen sie es den Kindern schwer, unabhängig zu werden und sich von ihnen zu lösen.

Andere Eltern wollen, daß ihre Kinder verzichten lernen, um ihren Charakter zu bilden. Sie geben ihnen wenig oder nichts, und die Folge ist, daß die Kinder sich vernachlässigt fühlen und an sich selbst und an der Liebe der Eltern zweifeln. Auch diesen Kindern fällt es schwer, sich von den Eltern zu lösen. Das Problem der Eltern besteht darin, das rechte Maß zu finden und zu verhindern, daß die Kinder von ihnen abhängig bleiben.

Vor dem gleichen Problem steht auch ein junger Mann, der sich in ein armes Mädchen verliebt. Natürlich möchte er ihr etwas schenken – aber wieviel soll er ihr geben, damit sie glücklich ist und ihn dennoch nicht wegen des Geldes haben will?

Schuldgefühle versus Großzügigkeit

Es ist interessant, aber auch verwirrend, daß Geld manchmal aus Gründen gegeben wird, die nicht mit den Vorstellungen des Empfängers übereinstimmen.

Angenommen, eine Mutter lädt ihre verheiratete Tochter und ihre Enkel zu einem Ferienaufenthalt ein. In ihren Augen ist das ein großzügiges Geschenk – aber die Tochter glaubt, ihre Mutter mische sich in ihre Ehe und in ihr Familienleben ein. Denkbar ist auch, daß die Mutter sich tatsächlich einmischen will, die Tochter aber der Meinung ist, ihre Mutter sei einfach nur großzügig.

Manchmal geben Eltern aus Großzügigkeit, manchmal weil sie Schuldgefühle haben. Das erstere ist leicht zu verstehen. Wenn eine Freundin Geburtstag hat, können wir ihr eine Karte schicken oder sie anrufen, aber wir können auch etwas Besonderes für sie kaufen – nicht weil wir dazu verpflichtet wären, sondern weil es uns Freude macht. Andererseits kann es sein, daß ein Vater seinem Sohn etwas Wertvolles zum Geburtstag schenkt, weil er das Kind ansonsten vernachlässigt und deswegen ein schlechtes Gewissen hat.

In der Familie wird Geld aus verschiedenen Gründen ausgetauscht: aus Pflichtgefühl (Eltern müssen ihre Kinder ernähren), aus Großzügigkeit (Liebe), aufgrund von Schuldgefühlen, um jemandem einen Gefallen zu tun oder weil jemand einen Anspruch darauf hat. In manchen Fällen ist der Sachverhalt klar, und es gibt nichts zu verhandeln. Über andere Transaktionen wird dagegen ständig neu verhandelt, und sie können das wichtigste Gesprächsthema in der Familie sein. Wenn die Eltern ihrem Sohn ein Paar Schuhe kaufen, die er braucht, sollen sie daran die Bedingung knüpfen, daß er einmal täglich das Geschirr spült? Und warum bezahlen die Eltern ihrer Tochter ein Studium – weil es ihre Pflicht ist, weil sie großzügig sind, weil sie ein schlechtes Gewissen haben, weil die Tochter ein Recht darauf hat oder weil sie etwas dafür haben wollen (zum Beispiel Zuwendung)?

Das Problem besteht darin, daß Geld bisweilen aus einem bestimmten Grund bezahlt wird, der Empfänger aber ein ganz anderes Motiv vermutet. Wenn die Eltern für das Studium ihrer Tochter aufkommen, um sich ihre Zuwendung zu sichern, erleben sie möglicherweise eine große Enttäuschung. Die junge Dame ist vielleicht der Meinung, ihnen nichts zu schulden, weil sie ja verpflichtet seien, ihr zu helfen. Über solche Mißverständnisse wird nur selten gesprochen, und sie können eine Beziehung über Jahre hinweg belasten.

Die Macht der Kinder

Normalerweise sind die Eltern in der Familie die Mächtigen, denn sie können Wünsche erfüllen oder zurückweisen. Kinder müssen sich dagegen eine Machtbasis ohne Geld schaffen. Manche Kinder versuchen, Schuldgefühle in den Eltern zu wecken, um ihnen Geld zu entlocken. Andere bieten ihnen Liebe und Verständnis an. Und einige bemühen sich, Macht durch Leistung zu erwerben, etwa durch gute Noten.

In der Familie wird selten über diese Art des Tauschhandels gesprochen, der die Beteiligten oft unglücklich macht. Es kann beispielsweise sein, daß eine Mutter glaubt, ein Recht auf die Zuneigung ihres erwachsenen Sohnes zu haben, weil sie ihn liebevoll und großzügig aufgezogen hat. Der Sohn ist dagegen der Meinung, sie habe nur ihre Pflicht getan und habe keinen Anspruch auf eine Gegenleistung. Vielleicht fühlt er sich auch nicht verpflichtet, sich um die alternde Mutter zu kümmern oder ihr eine Wohnung im Altersheim zu bezahlen. Geld wird also in manchen Familien als Ersatz für Liebe gefordert oder verlangt; aber da es in unserer Gesellschaft keine klaren Regeln dazu gibt, kennt niemand den angemessenen Gegenwert.

Es kann sein, daß Kinder sich an diesem Tauschhandel nicht beteiligen wollen, weil die Eltern ihrer Meinung nach nicht großzügig sind, sondern nur ein schlechtes Gewissen haben. Die Schuldgefühle können echte oder eingebildete seelische Schäden betreffen. Auf diese Weise vermeiden es die Kinder, vom empfangenden Teil einer Familie zum gebenden Teil zu werden. Sie schulden nichts. Wenn Kinder lernen, daß sie Geld und Privilegien bekommen, indem sie Schuldgefühle in ihren Eltern wecken, werden sie womöglich zu Erpressern, und es fällt ihnen schwer, sich von den Eltern zu lösen und im Leben erfolgreich zu sein.

Eltern müssen sich darüber im klaren sein, daß wir alle gelegentlich Schuldgefühle gegenüber unseren Kindern haben und daß wir ihnen keinesfalls erlauben dürfen, daraus Vorteile zu ziehen. Sonst müssen die Kinder sich ihr Leben lang für geschädigt halten, weil sie ja nur dann «berechtigt» sind, vom schlechten Gewissen der Eltern zu profitieren. Ein Kind, das kleine Geschenke erhält, weil die Eltern Schuldgefühle haben, wird vielleicht noch als Erwachsener von den Eltern unterstützt, weil sie glauben, sie hätten ihm als Kind Schaden zugefügt.

Worüber kann man verhandeln?

In vielen Familien wird nicht darüber gesprochen, was verhandelbar und was nicht verhandelbar ist. Die Eltern drohen den Kindern ständig damit, ihnen wegzunehmen, was sie ihnen gegeben haben, erklären aber nicht, was sie aufgrund ihrer Pflicht geben und was sie als Teil eines Tauschgeschäfts geben. Die Kinder wissen dann nicht, worüber sie mit den Eltern verhandeln können, und sie verstehen auch nicht, aus welchen Gründen Dinge gegeben oder genommen werden.

Nehmen wir an, ein Junge wird sechzehn, und die Eltern erlauben ihm, mit seinen Freunden Urlaub zu machen. Er findet das nur recht und billig, weil er ja alt genug dafür ist und sich auch um seine jüngeren Geschwister kümmert. Doch dann bekommt er in der Schule eine schlechte Note, und die Eltern widerrufen die Erlaubnis. Der Junge meint, er habe ebenso wie die Eltern ein Recht darauf, seinen Urlaub selbst zu planen. Die Eltern sind der Ansicht, das sei ein Privileg, über das man immer wieder neu verhandeln müsse. Der Junge versteht ohnehin nicht, welche Rechte er in der Familie hat. Die Eltern reden über «unser Haus», «unser Auto», «unsere Sachen», und ihm ist nicht klar, was davon ihm gehört.

Die Verwirrung wird noch größer, wenn die Eltern eines Tages damit drohen, ihn aus dem Haus zu weisen. Dürfen sie ihn aus «seinem» Haus werfen? Manchmal darf er zwar «unser Haus», «unser Auto», «unsere Fernseher» oder «unser Telefon» benutzen, aber im Grunde ist er mittellos – nichts von alledem gehört ihm. Er darf diese Dinge nur benutzen, wenn er die Ziele erreicht, die seine Eltern für ihn gesetzt haben; doch diese Ziele ändern sich ständig.

Eltern müssen sich untereinander und mit ihrem Kind darüber verständigen,

- was allen Familienmitgliedern gehört und daher nicht zur Strafe verweigert werden darf;
- was nur den Eltern gehört, aber von den Kindern benutzt werden darf, wenn sie bestimmte Regeln einhalten oder bestimmte Ziele erreichen;
- was nur dem Kind gehört und nicht als Belohnung dienen oder zur Strafe weggenommen werden darf.

Die Eltern können beispielsweise beschließen, daß der Fernseher ihnen gehört und als Belohnung oder Strafe benutzt werden darf, während der Teddybär dem Kind gehört und ihm nicht weggenommen werden darf. Das Kind muß im voraus wissen, daß die Eltern ihm zwar das Fernsehen verbieten, aber nicht den Teddybären wegnehmen dürfen. Es muß auch wissen, unter welchen Umständen es Fernsehverbot erhält. Damit das Kind sich sicher fühlt, sollte es außerdem wissen, welche Folgen bestimmte Verfehlungen haben können. Schlechte Noten in der Schule können ein Fernsehverbot nach sich ziehen, nicht aber den Ausstoß aus der Familie.

Unsere Kinder sollten über die Folgen eines falschen Verhaltens mindestens so gut informiert sein wie wir. Wir wissen, daß uns ein Verwarnungsgeld droht, wenn wir unser Auto im Parkverbot abstellen, daß wir dafür aber nicht ins Gefängnis kommen.

Wenn die Kinder heranwachsen und heiraten, kann die Verwirrung über die Folgen bestimmter Verhaltensweisen noch zunehmen. Jeder Partner kommt aus einer Familie, die in gewissem Umfang «Tauschhandel» praktizierte, und meist sind die Regeln dieses Handels in jeder Familie anders. Jeder Partner erwartet nun vom anderen, daß dieser sich im Umgang mit den Schwiegereltern nach deren Regeln richtet, und es fällt ihm schwer, die Regeln der anderen Familie zu verstehen und zu akzeptieren.

Buchhaltung in der Familie

Nur wenige Menschen lieben es, stundenlang über den Rechnungen und den Büchern einer Firma zu brüten. Die Buchhaltung einer Firma ist ihre Geschichte. Wenn wir die Einträge durchgehen, wissen wir, wann der Betrieb gegründet wurde, wem er gehört und welche Lieferanten und Kunden er hat. Die Regeln der Buchhaltung sind allgemein gültig.

Familien haben ebenfalls eine Art Buchhaltung. Im Gegensatz zu Firmen wenden sie dabei jedoch ihre individuellen Methoden an. Mehr noch: Jedes Mitglied einer Familie hat sein spezielles Buchhaltungssystem, das sich von dem aller anderen Familienmitglieder unterscheidet. Darum hat jedes Mitglied andere Ansichten darüber, was im Umgang mit Geld fair ist. Eltern geben ihren Kindern Geld als Lohn für Arbeiten im Haushalt, zur Beschwichtigung eines schlechten Gewissens oder als Belohnung für gute Noten. Aber Kinder verstehen oft nicht, warum sie von den Eltern Geld bekommen, und Geschwister führen genau Buch darüber, wer was bekommt, und verlangen Fairneß auf der Grundlage ihres eigenen Buchhaltungssystems.

Ein weiterer Unterschied zwischen einer Familie und einer Firma besteht darin, daß die Bücher einer Firma am Ende des Geschäftsjahres geschlossen werden und eine Bilanz aufgestellt wird. Oft wird über diese Bilanz an einem besonderen Tag, anläßlich einer jährlichen Konferenz, diskutiert. Der Gründungsvertrag oder eine Satzung legt fest, daß die Bilanz nur bis zu einem bestimmten Termin angefochten werden darf. In der Familie gibt es dagegen keine Jahresbilanz, keinen speziellen Tag der Diskussion und kein Statut. Darum haben Geldprobleme in einer Familie keine Vergangenheit. Sie werden nie geschlossen, nichts ist jemals zu Ende. Eine Generation reicht Geldprobleme an die andere weiter. Probleme und Klagen werden geerbt.

Außerdem besitzt jedes Mitglied der Familie sein eigenes Buch, in das es Gewinne und Verluste einträgt. Meist stimmt seine Buchführung nicht mit der Buchführung der anderen überein.

Zum Beispiel hatte Beth seit Jahren nicht mehr mit ihrer Schwester Joanne gesprochen. Als ihr Vater vor zehn Jahren gestorben war, konnten sie sich nicht darüber einigen, was mit dem kleinen Haus der Familie geschehen sollte. Jahre später war der Wert des Grundstücks gestiegen, und Beth wollte es verkaufen. Sie bat Amy, ihre jüngste Tochter, mit Joanne darüber zu reden. Joanne sagte, sie werde dem Verkauf nur zustimmen, wenn Beth ihr den Ring zurückgebe, den Joanne ihr vor zwanzig Jahren nach dem Tod der Mutter gegeben hatte. Amy hatte von diesem Ring noch nie etwas gehört. Joanne erzählte ihr, es sei der Ehering der Großmutter, und sie, Joanne, habe ihn Beth überlassen, weil diese so sehr darum gebeten habe. Aber jetzt war Joanne wütend auf Beth wegen des Streits um das Familienhaus, und sie wollte den Ring wiederhaben.

Amy berichtete ihrer Mutter, und Beth sagte, sie habe den Ring nicht mehr – sie habe ihn ihrer Cousine als Hochzeitsgeschenk gegeben. Joanne hatte also erwartet, sie könne im Rahmen der Verhandlungen über das Haus auch über den Ring neu verhandeln. Aber der Ring gehörte Beth gar nicht mehr. Beide hatten ein unterschiedliches Buchführungssystem und hatten die «offenen Posten» nicht abgeschlossen.

In einem Unternehmen existieren die Bücher tatsächlich. In der Familie sind sie imaginär; sie existieren nur in den Köpfen. Kaum jemand führt tatsächlich Buch über finanzielle Transaktionen innerhalb der Familie, und weil das Gedächtnis unzuverlässig ist, kann niemand genau sagen, welche Transaktionen im Laufe der Jahre tatsächlich vorgenommen wurden. Die Systeme passen nicht zueinander. Aber wenn wir die Rolle des Geldes in der Familie verstehen wollen, müssen wir uns damit abfinden, daß es diese verwirrende Buchführung gibt.

Immerhin können Sie einige hilfreiche Schritte unternehmen:

1. Alle Mitglieder der Familie sollten mit den Regeln vertraut sein, nach denen das Geld verteilt wird. Wenn Eltern ihren Kindern Geld geben, sollte den Kindern klar sein, ob sie es für ihren Gehorsam, ihren Respekt, ihre Liebe oder ihre guten Noten bekommen oder ob es ihnen zusteht.
2. Eine Familie kann einen Tag im Jahr festlegen, an dem sie über die Finanzen diskutiert, damit alle verstehen, wer wieviel Geld bekommen hat und warum. Diskussionsbeiträge sind willkommen, und Beschwerden sind an diesem Tag möglich, aber nicht später. Bei dieser Besprechung müssen Eltern und Kinder sich über die wirtschaftlichen Prioritäten der Familie verständigen. Alle sollten wissen, wie die derzeitige Situation entstanden ist und welche Zukunftspläne es gibt.
3. Die Hierarchie muß klar sein, damit alle wissen, wer über die Verteilung des Geldes entscheidet.
4. Es muß ein Statut geben, das festlegt, wann die Bücher geschlossen werden und nicht mehr revidiert werden können.

Das Ziel ist ein «Buchhaltungssystem», das verständlich ist, so daß jeder weiß, wer wem aus welchem Grund etwas gegeben hat. Dann können die Bücher geschlossen werden, und es gibt keinen Groll und keine gegenseitigen Vorwürfe über Jahre hinweg.

Ansprüche und Erpressung

Die meisten Eltern versuchen, ihre Kinder gleich zu behandeln. Wir glauben, daß es wichtig ist, alle Kinder im selben Maße zu lieben, und wir drücken diese Liebe nicht nur durch Zuneigung, sondern auch durch materielle Mittel aus. Selbstverständlich ist es wichtig, alle Kinder gleich zu behandeln, wenn sie klein sind. Andernfalls rufen wir Unbehagen, Minderwertigkeitsgefühle, Neid und Haß hervor. Doch selbst wenn die Kinder erwachsen sind, halten die meisten Eltern es für notwendig, ihnen gleich viel Liebe und Unterstützung zu geben. Aber manche Kinder behandeln uns besser als andere, und außerdem haben sie unterschiedliche Bedürfnisse und Probleme. Fairneß ist ein ständiges Dilemma für Eltern. Sollen wir jenen Kindern mehr geben, von denen wir mehr bekommen? Oder sollen wir die Bedürfnisse und Probleme der Kinder berücksichtigen? Wenn die Kinder den Eindruck haben, daß wir nicht fair zu ihnen sind, versuchen sie es manchmal mit Erpressung.

Auch geben will gelernt sein

Sie können Ihre Kinder so beschenken, daß ihre Entwicklung gefördert wird; aber Sie können mit Geschenken auch mehr Schaden als Nutzen anrichten. Wenn Sie etwas schenken, sollten Sie die folgenden Gesichtspunkte berücksichtigen.

Überlegen Sie, welche Bedürfnisse Sie wecken

Es ist unvermeidlich, daß Eltern in ihren Kindern Bedürfnisse wecken. Jedesmal, wenn sie ihrem Kind etwas schenken, rufen sie ein Bedürfnis hervor. Wenn das Geschenk beispielsweise eine Barbie-Puppe ist und die Eltern mit dem Kind und der Puppe spielen, will das Kind wahrscheinlich auch künftig mit Barbie-Puppen spielen. Außerdem besteht immer die Gefahr einer endlosen Eskalation: Die Puppe braucht Gefährtinnen, Möbel, Kleider, ein Schwimmbecken und so weiter.

Zwischen dem Spielzeug des Kindes und dem des Erwachsenen besteht ein Zusammenhang. Wer als Kind ein einfaches Fahrrad bekommen hat, möchte als Jugendlicher ein Mountainbike. Geschenke an Kinder können also langfristige Folgen haben, und darum sollten Eltern sich genau überlegen, welche Bedürfnisse sie wecken. Vor allem müssen sie darüber nachdenken, ob ihre eigenen unerfüllten Wünsche möglicherweise das Motiv für das Geschenk sind. Es kann sein, daß ein Vater seinem Sohn ein Mountainbike schenkt, weil *er* als Kind gerne eines gehabt hätte. Dennoch kann das Geschenk bei seinem Sohn eine Fülle neuer Bedürfnisse wecken.

Geben Sie nicht, um zu nehmen

Da Eltern Macht über ihre Kinder ausüben, kommt es vor, daß sie etwas schenken, was sie später wieder wegnehmen können. Wenn ein Schulkind schlechte Noten bekommt oder seine Pflichten zu Hause nicht erfüllt, nehmen die Eltern ihm möglicherweise sein Geburtstagsgeschenk weg, und wenn ein Heranwachsender abends zu lange wegbleibt, darf er vielleicht am nächsten Tag das Auto der Familie nicht benutzen. Geschenke und Privilegien spielen oft bei Verhandlungen über Pflichten eine Rolle. Aber wenn Eltern immer wieder wegnehmen, was sie gegeben haben, sind manche Kinder so enttäuscht, daß sie sich rächen wollen.

Strafen Sie nicht, wenn Sie geben

Ein Geschenk kann von liebevollen Worten, aber auch von Drohungen und Beleidigungen begleitet sein. Wenn es mit Aggression und Erniedrigung verbunden ist, kann es Konflikte auslösen und in jungen Menschen jeden Ehrgeiz abtöten. Es ist ein Geschenk, wenn ein Vater seinen Sohn zu einem Fußballspiel mitnimmt; aber wenn er ihn bei dieser Gelegenheit in aller

Öffentlichkeit herabsetzt, ist die Strafe auch noch doppelt so hart, weil das Zusammensein eigentlich fröhlich sein sollte. Achten Sie also darauf, entweder *nur* zu belohnen oder *nur* zu strafen.

Erteilen Sie keine Lektionen mit Geld

Beachtliche 81 Prozent aller Amerikaner geben zu, daß sie mit Geld nicht gut umgehen können; aber fast alle Eltern sagen, daß sie Geld dazu benutzen, um ihren Kindern Lektionen und Ehren zu erteilen. Fast alle Eltern belohnen ihre Kinder mit Geld, wenn sie gute Arbeit leisten; aber darum geht es hier nicht. Ich rede von subtilen, verwirrenden und zweideutigen Lektionen.

Ein Vater erklärte sich beispielsweise bereit, seinem frisch verheirateten Sohn ein gebrauchtes Auto für zehntausend Mark zu kaufen. Der Sohn fand einen Wagen in gutem Zustand. Der Preis war von fünfzehntausend auf zwölftausend Mark herabgesetzt worden, aber er konnte ihn durch geschicktes Verhandeln um weitere eintausend Mark drücken. Das, sagte der Verkäufer, sei allerdings sein letztes Angebot. Glücklich berichtete der Sohn dem Vater, er habe ein großartiges Auto für elftausend Mark gefunden. Aber der Vater wollte ihm eine Lektion erteilen und keine Mark mehr als zehntausend Mark zahlen. Also ging der Sohn zurück zum Verkäufer, gab ihm eintausend Mark zusätzlich, die sein ganzes Erspartes waren, und bat ihn, zehntausend Mark auf die Rechnung zu schreiben, damit der Vater nichts merke.

Als der Vertrag geschlossen war, sagte der Vater: «Siehst du, jetzt hast du ein Auto, und du hast etwas von mir gelernt!» Aber der Sohn hatte nichts weiter gelernt als lügen, täuschen und bestechen. Auf diese Lektion hätte er verzichten können!

Rufen Sie keinen Groll hervor

Wenn Eltern künstliche Bedürfnisse wecken, Geschenke wegnehmen, beim Schenken strafen oder mit Geld Lektionen erteilen, rufen sie in ihren Kindern Groll hervor, der schwer zu überwinden ist. Manche Eltern lösen diesen Ärger absichtlich aus, weil ein wütendes Kind ein abhängiges Kind ist. Eltern, die sich nicht damit abfinden können, daß ihr Kind selbständiger wird, lösen bisweilen Groll in ihm aus, damit es unreif bleibt.

Wenn Sie dieses Verhalten bei sich selbst beobachten, können Sie durch Selbstbeherrschung verhindern, daß alle voneinander abhängig bleiben und unglücklich werden. Wenn Geschenke Groll auslösen, verlangen Kinder immer mehr Geschenke, weil sie es den Eltern heimzahlen wollen. Aber je mehr die Kinder bekommen, desto wütender werden sie und desto abhängiger werden alle Beteiligten.

Lassen Sie sich nicht ausnutzen

Manche Kinder wollen erreichen, daß die Eltern ihr Leben lang für sie zahlen. Ein geeignetes Mittel dafür ist Armut. Die Eltern machen sich dann immer Sorgen um das Kind und haben ein schlechtes Gewissen, einerlei, ob sie es unterstützen oder nicht. Armut gibt dem Kind Macht über fürsorgliche Eltern. Denn wenn sie nichts haben, brauchen sie nichts zu geben und sind immer nur der empfangende Teil.

Seien Sie fair

Wenn Sie Ihren Kindern Geld geben, verteilen Sie es gerecht. Erklären Sie genau, warum ein Kind in bestimmten Fällen mehr bekommt als die anderen und was die Kinder tun müssen, damit sie Geld bekommen. Lassen Sie sich nicht erpressen; aber wenn Sie ein Kind unangemessen bevorzugt haben, sollten Sie die anderen entschädigen. Erklären Sie den anderen Kindern genau, warum die «Ausgleichszahlung» notwendig ist. Wenn Sie nicht offen über Geld reden, wissen Ihre Kinder nicht, was Sie unter Fairneß im Umgang mit Geld verstehen.

Wenn Kinder älter werden, brauchen sie soviel Zuwendung, daß wir manchmal nicht merken, wie unsere Beziehung zum Partner sich verändert. Im nächsten Kapitel wollen wir uns damit befassen, was aus einer Ehe im Laufe der Zeit werden kann.

Kapitel 5

Geld und die mittleren Jahre

Nach der Empfängnis wird aus einem Paar eine Trias, eine Familie. Dadurch ändert sich die Beziehung zwischen den Ehepartnern. Die Rivalität, die für junge Paare typisch ist und an das Verhältnis zwischen Geschwistern erinnert, muß nun der Zusammenarbeit weichen.

Wenn ein Paar Nachwuchs bekommt, muß es Einnahmen und Ausgaben besser planen. Dadurch wird die Familie zu einer Institution, die bürokratische Züge und administrative Probleme aufweist. Eine Familie hat ähnliche strukturelle Probleme wie ein Unternehmen, und es entsteht eine Hierarchie mit Führungskräften und Untergebenen. In diesem Kapitel geht es um das Verhalten der Partner, ihren Umgang mit Geld und dessen Folgen für die Familie.

Wie eine Firma geführt wird, hängt von der Persönlichkeit der Partner ab. Geiz, Rivalität, Groll, Feindseligkeit und Vertrauensbruch sind häufige Probleme. Auch die Beziehungen zu anderen Unternehmen und zur Gemeinschaft werden vom Charakter der Partner beeinflußt. Manche Firmen wollen genau so sein wie ihre Mitbewerber, andere möchten ganz anders sein. Nach der Lektüre dieses Kapitels wird Ihnen klar sein, daß das Verhalten einer Familie durchaus mit dem eines Unternehmens vergleichbar ist.

In diesem Kapitel geht es um die mittleren Jahren einer Ehe, etwa um die Zeit zwischen der Geburt des ersten Kindes und dem fünfzehnten bis zwanzigsten Ehejahr. Das Paar muß entscheiden, wer wieviel Geld verdienen soll und wie dieses Geld ausgegeben wird. Diese Entscheidungen werden davon beeinflußt, welche geheime Bedeutung Geld und materieller Besitz für jeden Partner haben. In dieser Zeit wird am häufigsten darüber gestritten, wieviel die Partner geben sollen und worauf sie Anspruch haben, und die Loyalität wird auf eine harte Probe gestellt. Sehen wir uns einmal an, welche Auswirkungen Kinder auf die finanzielle Situation eines Paares haben, wie unterschiedlich Paare mit Geld umgehen, welche Krisen in der Ehe auftreten können und welche Folgen Unzufriedenheit mit dem Beruf oder beruflicher Erfolg haben.

Kinder und ihre finanziellen Folgen

Nach der Geburt des ersten Kindes ändert sich die Beziehung zwischen Vater und Mutter. Bisher hatten beide in etwa die gleichen Rechte und Pflichten: Beide arbeiteten oder studierten, beide hatten ähnliche Bedürfnisse und Entscheidungsbefugnisse. Schon während der ersten Schwangerschaft wird die Ehe allmählich zu einer komplementären Beziehung – die Frau ist schwanger, der Mann ist es nicht. Das ist ein großer Unterschied, der sich deutlich bemerkbar macht. Sie braucht besondere Unterstützung, ihre Bedürfnisse ändern sich, und sie wird abhängiger von ihm.

Der Übergang zu den mittleren Jahren einer Ehe ist schwierig. Mann und Frau haben unterschiedliche Bedürfnisse, und sie brauchen einander auf verschiedene Weise. Früher erwarteten sie, daß der Partner ihre narzißtischen Bedürfnisse befriedigte und ihre persönlichen Schwächen ausglich; jetzt sind sie aus praktischen Gründen aufeinander angewiesen. Sie müssen zusammen für ein Kind sorgen und es aufziehen. Loyalitätskonflikte und Eifersucht kommen häufiger vor, vielleicht zum erstenmal seit der Heirat. Zieht die Frau das Kind ihrem Mann vor? Ist sie eifersüchtig, weil er das Kind sehr liebt? Ist er eifersüchtig, weil sie das Kind mehr liebt als ihn?

Jetzt müssen Entscheidungen getroffen werden. Bleibt die Frau zu Hause beim Kind oder der Mann? Soll sie wieder arbeiten? Wann? Wie verkraftet die Familie den Einkommensausfall, wenn die Frau nicht arbeitet? Ist es ein Opfer oder ein Privileg, zu Hause zu bleiben? Das sind schwierige Fragen, und in dieser Zeit entwickeln sich bei vielen Paaren bestimmte Verhaltensmuster rund ums Geld.

Eine junge Frau suchte mich wegen eines Eheproblems auf. Da ihr Mann sich weigerte, sie zu begleiten, mußte sie allein kommen. Nancy war sehr attraktiv, aber auffällig mager im Vergleich zu dem molligen Kind, das sie auf dem Arm trug. Sie klagte über eine schreckliche Ehe ohne Zuneigung, ohne Kommunikation und ohne Ausweg.

Sie war Anwältin und hatte Gary, ihren Mann, während des Studiums kennengelernt. Nach dem Examen beschlossen sie zu heiraten, und beide fanden eine Stellung in derselben Stadt. Nach ihrem gemeinsamen Plan sollte Nancy arbeiten, bis sie schwanger wurde, und danach zu Hause bleiben, bis das jüngste Kind in die Schule gehen würde. Gary wollte für den Unterhalt der Familie sorgen.

Kaum war das erste Kind geboren, beklagte Gary sich darüber, daß er arbeiten mußte, während sie zu Hause blieb und viel Spaß mit dem Baby hatte. Er reagierte verbittert auf das enge Verhältnis zwischen Mutter und Kind und verbrachte soviel Zeit mit dem Baby, wie er konnte, wobei er seine Frau ignorierte.

Als Nancy zum zweitenmal schwanger wurde, nahm sein Groll zu. Er mußte Überstunden machen und sich gegen ehrgeizige Kollegen behaupten. Nancy war bereit, wieder zu arbeiten, damit er zu Hause bei den Kindern bleiben konnte. Aber er weigerte sich und sagte, er sei ihr auf der Karriereleiter nun mehrere Jahre voraus und sie könne nicht annähernd soviel verdienen wie er. Bis dahin hatten sie gemeinsam Zugriff auf sein Gehaltskonto; doch nun begann er, Einkünfte vor ihr zu verheimlichen, und schließlich eröffnete er ein separates Konto, das ihr nicht zugänglich war. Er kritisierte ihre Verschwendung und beschnitt ihr das Haushaltsgeld so sehr, daß sie sich auf ein Minimum beschränken mußte, um die Kinder ernähren zu können. Er weigerte sich, mit ihr zu reden, schlief nicht mehr mit ihr und drohte ihr, sie werde das Sorgerecht über die Kinder verlieren, wenn sie sich scheiden lasse, weil er ein viel besserer Anwalt sei.

Es kostete mich einige Mühe, Nancy davon zu überzeugen, daß ich mit ihren Eltern sprechen mußte, die über die Eheprobleme der Tochter gut informiert waren. Ich erklärte ihnen, daß Nancy von ihrem Mann seelisch mißbraucht werde und daß dieser seine berufliche und finanzielle Überlegenheit ausnutze.

«Ich glaube, es war keine gute Idee von Nancy, ihren Beruf als Anwältin aufzugeben», sagte ich. «Ich fürchte, sie hat dadurch die Achtung ihres Mannes verloren, und er nutzt jetzt ihre Abhängigkeit von ihm aus. Ich möchte, daß Sie ihr helfen, wieder in ihren Beruf zurückzukehren und finanziell unabhängig zu werden. Dann wird ihr Mann sie wahrscheinlich wieder als Partnerin betrachten.»

«Wie können wir ihr helfen?» fragte der Vater, und die Mutter fügte hinzu: «Wir möchten uns nicht in ihre Ehe einmischen.»

«Alles, was Nancy braucht, ist eine kleine finanzielle Unterstützung. Bitte borgen Sie ihr soviel Geld, daß sie ein sehr gutes Kindermädchen einstellen und wieder arbeiten kann. Es wäre schön, wenn sie in einer Kanzlei unterkäme, wo sie anfangs vielleicht nicht viel verdienen würde, aber viel lernen und mit der Zeit aufsteigen könnte.»

«Einverstanden», sagte der Vater. «Sie braucht ihren Beruf.»

«Sobald sie arbeitet», sagte ich, «wird ihr Mann wieder mehr an ihr interessiert sein. Wenn nicht, habe ich den Verdacht, daß die Ehe nicht mehr lange hält – und in diesem Fall hat sie ihr eigenes Auskommen.»

Nancy fand ein Kindermädchen und fing wieder an zu arbeiten. Gary hatte einige Wutanfälle und behauptete, sie vernachlässige die Kinder. Doch bald wuchs sein Respekt für seine Frau, sein sexuelles Interesse nahm zu, und sie wurden wieder ein Paar.

Väter mit Schuldgefühlen

Manche Ehemänner haben ein schlechtes Gewissen, weil sie ihren Beruf weiter ausüben können, ohne sich viel um die Kinder kümmern zu müssen. Sie haben das Gefühl, sie könnten nie genug verdienen, um ihre Frau für das Opfer zu entschädigen, das sie als Hausfrau und Mutter bringen muß. In solchen Ehen entscheidet oft die Frau, wie das Geld ausgegeben wird, und der Mann arbeitet hart, um das Geld herbeizuschaffen.

Manchmal hat der Vater auch gegenüber seinen Kindern Schuldgefühle, und es kann sein, daß die erwachsenen Kinder ihn immer wieder darauf hinweisen, daß er sie früher vernachlässigt habe und sie jetzt dafür entschädigen müsse.

Jerry, der Leiter einer Regierungsbehörde und ein bekannter Mann, betrat meine Praxis mit Tränen in den Augen.

«Es ist alles meine Schuld», sagte er. «Ich hatte das Glück, einen faszinierenden Beruf zu finden, der mich völlig in Anspruch nahm. Darum habe ich meine Kinder vernachlässigt. Ich weiß, daß ich für alle ihre Probleme verantwortlich bin.»

In Wirklichkeit waren seine Kinder beruflich recht erfolgreich. Drei von fünf waren Akademiker, die beiden anderen waren auf dem Weg dazu. Aber die meisten von ihnen baten den Vater ständig um finanzielle Unterstützung.

Ich unterhielt mich mit der Mutter und den Kindern und kam zu dem Schluß, daß der Vater seine Kinder nicht mehr vernachlässigt hatte als die meisten Männer, die fünf Kinder zu ernähren haben. Aber vielleicht hatten die Kinder gespürt, daß der Vater sich sogar zu Hause mit den wichtigen internationalen Problemen beschäftigte, die Teil seines Berufes waren.

Eine seiner Töchter war «depressiv». Während der Therapie gab sie einmal ihrer Schwester einen Tip: Sie brauche nur eine seelische Krankheit vorzutäuschen, um die Aufmerksamkeit des Vaters zu erringen. Beide Töchter ärgerten sich darüber, daß ihr Vater nur an wenigen ihrer Therapiesitzungen teilnehmen konnte. Daß er ihnen Geld gab, wenn sie es verlangten, vergaßen sie.

Jerrys Frau – die beiden waren seit dreißig Jahren verheiratet – versicherte mir, ihr Mann sei ein sehr guter Vater gewesen. Trotzdem kostete es mich erhebliche Mühe, ihm klarzumachen, daß seine Kinder ihn ausnutzten und daß er keinen Grund hatte, sich schuldig zu fühlen. Sobald ich ihn davon überzeugt hatte, machte er seinen Kindern klar, daß er sich nicht länger erpressen lassen werde. Sofort schienen die Kinder reifer zu werden. Sie verlangten weniger von ihrem Vater, kamen mit ihrem Leben besser zurecht, und die Tochter erklärte, sie sei von ihrer «Depression» geheilt.

Grollende Ehefrauen

Manche Ehefrauen ärgern sich darüber, daß sie zu Hause bei den Kindern bleiben müssen, obwohl sie lieber arbeiten oder Karriere machen würden. Sie fühlen sich von ihrem Mann unterdrückt und beneiden ihn, weil er ein Leben außerhalb der Familie führen kann, ohne auf die Liebe seiner Kinder verzichten zu müssen. Diese Frauen sind der Meinung, sie hätten ein besseres Leben verdient, und darum erwarten sie oft von ihrem Mann eine finanzielle Entschädigung. Sie bestehen darauf, das Geld zu verwalten, und wollen ihrem Mann vorschreiben, wieviel er bei ihnen abzuliefern hat.

Diese Konstellation kann extreme Formen annehmen, wie das Beispiel eines alten Angestellten meines Vaters zeigte, der mich einmal bat, ihm bei der Lösung eines schwierigen Problems zu helfen. Seine Frau beschuldigte ihn, außereheliche Affären zu haben. Er gab ihr nicht nur sein gesamtes Gehalt, sondern mußte sogar abends arbeiten, damit er sie dafür bezahlen konnte, daß sie mit ihm schlief. Sue, seine Frau, glaubte, diese «Entschädigung» verdient zu haben, weil sie den ganzen Tag zu Hause bleiben müsse. Sie ließ sich von ihrem Mann alles bezahlen, was er von ihr haben wollte, einschließlich Sex.

Ich empfahl ihm einige drastische Verhaltensänderungen. Jeden Abend sollte er mindestens eine halbe Stunde mit seiner Frau reden. Anstatt sie für Sex zu bezahlen, sollte er ihr Geld geben, dann aber nur liebevoll und zärtlich zu ihr sein – ohne Sex.

«Sie wird wissen wollen, warum Sie sich so seltsam benehmen», sagte ich. «Und Sie werden darauf antworten, daß Liebe wichtiger ist als Sex. Wenn Sie das ein paar Wochen lang tun, garantiere ich Ihnen, daß sie kein Geld mehr von Ihnen für den Sex verlangt.»

Als Tom seine Frau liebevoller behandelte, reagierte sie positiv, und bald begann sie, ihn zu verführen, ohne dafür Geld zu verlangen.

Mütter mit Schuldgefühlen

Andere Ehefrauen halten es für ein Privileg, zu Hause zu sein, und haben ein schlechtes Gewissen, weil ihr Mann arbeiten muß. Sie bemühen sich nur noch um die Kinder, lassen sich vielleicht sogar von ihnen tyrannisieren und vernachlässigen ihre Ehe. Sie wollen nicht, daß er sich viel mit den Kindern beschäftigt, und vermeiden es, mit ihm über seine Arbeit zu reden. Um das Geld kümmern sie sich nicht, aber sie werfen dem Mann vor, daß er sie nicht über die Finanzen der Familie informiert. Oft halten sie ihren Mann für einen Tyrannen.

Alex klagte darüber, daß er den Sex mit seiner Frau Dora nie genießen könne, weil sie dauernd auf das «Babyphon» aufpasse, um sicher zu sein, daß die beiden Kleinen richtig atmeten. Während des Verkehrs bekam sie plötzlich Angst und behauptete, sie könne die Kinder nicht mehr atmen hören. Dann eilte sie ins Kinderzimmer, um nachzusehen.

«Du liebst die Kinder nicht so wie ich», hielt sie ihm vor. Aber jedesmal, wenn er mit ihnen spielen wollte, behauptete sie, er sei zu grob.

Wenn Alex versuchte, mit Dora über Geld oder über seine Probleme mit seinem Vater und dem Familienbetrieb zu reden, antwortete sie gewöhnlich: «Das ist zu kompliziert für mich. Tu einfach, was du für richtig hältst.»

Dora war eine ausgezeichnete Köchin und bediente Alex immer. Aber wenn sie sich mit Freundinnen unterhielt, nannte sie ihn einen Tyrannen, der sie an finanziellen Entscheidungen nicht beteilige, die Kinder vernachlässige und sich bedienen lasse.

In der Therapie erkannte Dora, daß sie ein schlechtes Gewissen hatte, weil Alex so hart arbeiten mußte und Probleme mit seinem Vater hatte. Sie verstand auch, daß sie sich unterwürfig verhielt, um für ihre «Schuld» zu bezahlen. Die Folge war, daß sie begann, Alex bei seiner Arbeit zu helfen und ihn bei seiner Familie zu unterstützen.

Der Lebensstil und der Umgang mit dem Geld

Paare müssen über ihren Lebensstil entscheiden. Solche Entscheidungen hängen unmittelbar mit Geld zusammen, auch mit der Bereitschaft, Schulden zu machen. Die Höhe der Schulden bestimmt ihrerseits, wieviel die beiden arbeiten müssen. Der Lebensstil und die finanziellen Entscheidungen beeinflussen das gesamte Leben des Paares.

Doch nur wenige Paare diskutieren über ihren Lebensstil und treffen rationale Entscheidungen. Die meisten lassen sich von einem Entschluß zum anderen treiben, ohne viel darüber nachzudenken, wie man am besten Entscheidungen trifft. Wir neigen dazu, den Lebensstil von Angehörigen und Freunden zu imitieren, selbst wenn wir deren Entscheidungen nicht billigen.

Außerdem müssen Ehepaare sich mit einer Fülle von Problemen auseinandersetzen: mit Rivalität und Loyalität, Distanz und Nähe, «mitgebrachtem» Vermögen und den unvermeidlichen Krisen in der Ehe.

Ehepartner als Rivalen

Manche Paare überwinden die Rivalität ihrer ersten Ehejahre nie und werden nie zu Partnern, die einander ergänzen und gemeinsam Kinder großziehen. Sie benehmen sich eher wie Bruder und Schwester und kämpfen miteinander. Sie wollen alle Verantwortung teilen und beweisen, daß sie erfolgreicher sind. Oft weigern sie sich, das Geld, das sie verdienen, mit dem Partner zu teilen, und bestehen auf einem eigenen Bankkonto. Offenbar haben sie nicht begriffen, daß eine Ehe auf Zusammenarbeit angewiesen ist.

Doug und Diane waren sehr verschieden, vor allem weil Doug fünfzehn Jahre älter war als seine Frau. Dennoch hatten sie auch vieles gemeinsam, da sie beide Therapeuten und Schriftsteller waren. Außerdem wurde der Altersunterschied dadurch gemildert, daß Doug das jüngste von vier und Diane das älteste von drei Geschwistern war. Doug wußte also, wie man mit einer älteren Schwester umgeht, und Diane konnte mit einem jüngeren Bruder umgehen.

Sie nutzten diese Erfahrungen in ihrer Ehe und wetteiferten wie Geschwister. Natürlich hatten sie eigene Bankkonten und legten ihr Geld selbst nach zehn Jahren Ehe nicht zusammen. Sie leiteten gemeinsam ein therapeutisches Institut, weigerten sich aber, miteinander über ihre Therapien zu reden – sie hatten Angst, der Partner werde ihnen Ideen stehlen oder diese Ideen als erster veröffentlichen. Jedesmal, wenn einer von ihnen ein Buch schrieb, suchte der andere es sorgfältig nach gestohlenen Ideen ab. Sie waren knauserig und mißtrauisch, nicht nur, wenn es um Geld ging, sondern auch, was ihre Gedanken betraf. Darum fiel es ihnen schwer, sich über interessante Themen zu unterhalten.

Es gelang Doug und Diane, zehn Jahre lang so zu leben, weil sie erfolgreich und wohlhabend waren. Doch die Rezession traf sie hart. Um das Überleben ihres Instituts zu sichern, mußten sie Geld von ihren Bankkonten abheben und zusammenlegen. Als ihre Gläubiger ungeduldig wurden, kündigte ihr bester Mitarbeiter und eröffnete ein eigenes Institut, das ihnen Konkurrenz machte. Jetzt mußten sie gemeinsam um ihre Existenz kämpfen und wurden endlich ein Paar – aus Rivalen wurden Partner.

Seelische Distanz zwischen Partnern

Wenn ein Ehepaar sich für eine Aufgabenverteilung entscheidet – zum Beispiel: Er arbeitet und sie versorgt die Kinder –, kommt es vor, daß sie immer mehr in ihre Rollen hineinwachsen und dabei extreme Verhaltensweisen entwickeln. Die Frau weigert sich vielleicht, über Themen zu reden, die nichts mit dem Haushalt oder den Kindern zu tun haben, und der Mann geht völlig in seinem Beruf auf. Im Laufe der Jahre merken die beiden, daß sie immer weniger gemeinsam haben. Sie streiten sich zwar seltener wegen des Geldes, aber sie werden auch distanzierter. Sobald die Rollen sich wieder ändern – etwa weil die Kinder so alt sind, daß die Frau in ihren Beruf zurückkehren kann –, beginnt der Streit ums Geld von neuem. Sie verhalten sich so wie ein junges Paar ohne Kinder.

Rivalität führt zum Krieg; andererseits lösen Beziehungen, die ganz auf Rollenverteilung aufgebaut sind, Langeweile und Entfremdung aus. Wenn die Partner etwas gemeinsam haben wollen, sind Auseinandersetzungen in gewissem Umfang notwendig.

Heutzutage droht Distanz in einer Beziehung vor allem dann, wenn beide Partner ihr eigenes Geld, ihre eigene Arbeit und ihre eigenen Freunde haben. Edda war Tänzerin, die bis spät nachts arbeitete und am Morgen mit ihren Freunden essen ging. Claude stand um fünf Uhr morgens auf, um die Aktienmärkte zu verfolgen, und den Rest des Vormittags verbrachte er am Computer. Er ging schlafen, wenn sie das Haus verließ und ins Theater ging. Sie begegneten sich nur um sechs Uhr abends für ein paar Minuten, wenn sie sich für die Arbeit zurechtmachte. Wegen ihrer unterschiedlichen Zeitpläne hatten sie getrennte Schlafzimmer, und zudem hatten sie keine Kinder, eigene Bankkonten und ihren eigenen Freundeskreis. Sie fühlten sich in ihrer stabilen, wenn auch unbefriedigenden Beziehung wohl.

Eines Tages beschloß Claude, Urlaub zu machen, kaufte ein Boot in der Karibik und lud Edda ein, mit ihm einen Monat dort zu verbringen. Mitten auf dem Meer waren sie zum erstenmal zusammen, und jetzt wollten sie endlich miteinander reden. Edda hörte nicht auf, über Geld zu reden – was ihr zustand, was auf ihren Namen umgeschrieben werden sollte, was sie nach seinem Tod bekommen würde, wie sie finanzielle Sicherheit erlangen konnte. Nach den Erfahrungen während dieser Bootsfahrt ließen sie sich scheiden.

Manchmal hält der unterschiedliche Lebensstil ein Paar zusammen. Er erzeugt die Illusion, die Distanz zwischen den Partnern sei allein auf die abweichenden Zeitpläne und Freundeskreise zurückzuführen. Als Edda und Claude nicht miteinander redeten, war das Geld kein Problem für sie. Aber sobald sie über Geld sprachen, merkten sie, daß sie keine gemeinsame Basis hatten.

Besonders schwierige Konflikte können entstehen, wenn die Frau ihrem Partner durch ihre Arbeit eine Ausbildung finanziert hat und später erwartet, daß er sie dafür entschädigt, entweder mit Geld oder indem er das gleiche für sie tut. Es kann sein, daß er sich weigert oder sogar die Gelegenheit nutzt, sie zu verlassen – in der Meinung, er schulde ihr gar nichts.

Maria war Krankenschwester. Sie arbeitete hart, um ihrem Mann Juan ein Medizinstudium zu ermöglichen. Juan stammte aus einer armen Familie. Er war katholisch, und darum hatten sie fünf Kinder, eines folgte dem anderen. Nach seinem Examen wollte Juan Chirurg werden, also arbeitete Maria weiter, um ihn zu unterstützen. Kaum begann er als Chirurg zu verdienen, verliebte er sich in eine Freundin seiner Frau, die ebenfalls Krankenschwester, aber zehn Jahre jünger als Maria war. Sie ließen sich scheiden, und Maria bekam das Geld, das sie für ihn geopfert hatte, nie zurück. Für die Kinder zahlt Juan nur, was er unbedingt zahlen muß.

Loyalitätskonflikte

In den mittleren Jahren ihrer Ehe leiden die Partner oft unter Loyalitätskonflikten, und diese sind immer mit finanziellen Entscheidungen verbunden. Wenn unsere Kinder heranwachsen, werden unsere Eltern alt und brauchen unsere Hilfe. Außerdem konzentrieren wir uns in dieser Zeit am intensivsten auf unseren Beruf. Die Folge sind viele Dilemmas. Müssen wir überhaupt loyal zu unseren Eltern sein? Oder geht unsere Arbeit, unsere Karriere vor? Die Entscheidung ist schwer, weil der Beruf unsere Zukunft, unsere Sicherheit bedeutet und die Versorgung der

Familie gewährleistet. Und was ist mit den Kindern – sind sie nicht unsere größte Liebe? Vor allem ihnen wollen wir doch helfen. Aber können wir ihre Interessen wahren, wenn wir loyal zum Partner und zu den eigenen Eltern sind? Vor diesem Zwiespalt stehen wir fast alle.

Brenda, eine meiner Patientinnen, verliebte sich und heiratete zum zweitenmal. Steve, ihr Mann, war der einzige Sohn einer Witwe. Einige Jahre nach der Heirat wurde Steves Mutter schwer krank. Steve unterstützte sie finanziell und verbrachte den größten Teil seiner Freizeit bei ihr. Brenda fand, daß er zu oft bei seiner Mutter sei und ihr zuviel Geld gebe. «Du mußt dich zwischen mir und deiner Mutter entscheiden», sagte sie.

«Wenn du das willst, entscheide ich mich für meine Mutter», erwiderte Steve. «Sie ist alt, krank und allein. Ich kann sie nicht im Stich lassen.»

Brenda zog aus und nahm ihre beiden Kinder aus der ersten Ehe mit. Doch ohne Steves Hilfe reichte ihr Geld nicht. Sie mußte hart arbeiten, konnte sich nicht mehr um die Kinder kümmern und brachte ihren Sohn bei der Großmutter unter. Sie fühlte sich einsam und deprimiert und versuchte schließlich, sich das Leben zu nehmen.

Es ist keine gute Idee, dem Ehemann eine solche Entscheidung abzuverlangen. Loyalitätskonflikte lassen sich auch ohne derart drastische Entscheidungen lösen.

Ein anderer Konflikt entsteht, wenn sich Loyalität zu den Kindern und zum Familienbetrieb ausschließen.

Meist erwarten die Eltern von den Kindern, daß sie im eigenen Betrieb mitarbeiten. Wenn die Kinder dazu nicht fähig sind, müssen die Eltern entscheiden, was für die Kinder einerseits und das Unternehmen andererseits am besten ist.

Herr und Frau Weinstein suchten mich auf, weil sie sich große Sorgen um ihre jüngste Tochter Julie machten. Sie hatte studiert und erfolgreich für eine große Firma gearbeitet, war aber wegen Betruges entlassen worden. Sie war deprimiert, blieb den ganzen Tag in ihrer Wohnung und hörte Musik. Da sie sich immer mehr zurückzog, fanden die Eltern, sie verhalte sich wie ein Mensch, der in die Fänge eines Kultes geraten sei.

«Mit allen unseren Kindern stimmt etwas nicht», sagte Julies Mutter. «Julie ist das jüngste von sechs Kindern, drei Jungen und drei Mädchen, alle in den Vierzigern. Alle sind unverheiratet, und nur Julie hat unser Haus verlassen.»

Das kam mir tatsächlich ungewöhnlich vor, und ich fragte, was die anderen Kinder taten. Der Vater, der meinem Großvater überaus ähnlich war, erklärte: «Wissen Sie, Frau Doktor, ich habe in meinem Leben schwierige Entscheidungen treffen müssen. Ich habe eine große, sehr erfolgreiche Firma und habe mein ganzes Leben lang dafür kämpfen müssen. Alle Kinder außer Julie arbeiteten bei mir, und sie waren schuld daran, daß es mit dem Geschäft bergab ging. Ihre Unfähigkeit machte mich krank. Eines Tages stand ich auf, ging in die Fabrik und warf sie alle raus. Ich glaube, das war richtig. Ich mußte zwischen meinen Kindern und meiner Firma wählen, und ich entschied mich für die Firma, weil sie unser Lebensunterhalt ist.»

«Wie haben die Kinder reagiert?» fragte ich.

«Nicht gerade erfreut», sagte der Vater. «Einige sprechen nicht mehr mit mir, andere sind kühl. Keines ist erfolgreich. Sie haben alle zu kämpfen.»

Es war ein seltsamer «Zufall», daß Julie ihre Stellung etwa zur gleichen Zeit verloren hatte wie ihre Geschwister. Und zur gleichen Zeit, als ihr Vater sich Sorgen um seine Kinder machte, hatte sie Probleme mit ihrem inneren Kind. Er mußte sich zwischen den Kindern und der Firma entscheiden; bei ihr befand sich das erwachsene Ich mit dem kindlichen Ich im Konflikt. Solange ihr Vater sich weigerte, ihre Geschwister wieder einzustellen, würde sie sich weigern, ihr inneres Kind in ihr erwachsenes Ich zu integrieren, und sie würde einsam und verbohrt bleiben.

Ich überzeugte den Vater davon, daß er seinen erwachsenen Kindern helfen mußte, Erfolg im Leben zu haben. Er sprach mit jedem von ihnen, gab ihnen Darlehen und Ratschläge und half ihnen, ein eigenes Geschäft zu gründen. Als Julie sah, daß es ihren Geschwistern besser ging, nahm sie ihr Leben als Erwachsene wieder auf und suchte sich Arbeit und Freunde.

Das «mitgebrachte» Vermögen

Eheprobleme sind besonders schwierig, wenn einer der Partner altes Familienvermögen in die Ehe mitbringt. Wem gehört dieses Vermögen? Soll es nicht von einer Generation an die nächste weitergegeben werden? Ist es nicht dazu da, vielen künftigen Generationen Sicherheit zu gewähren? Aber es gibt noch eine unangenehmere Frage: Werde ich um meinetwillen oder um meines Geldes willen geliebt?

Wenn das Vermögen so groß ist, daß das Paar nicht zu arbeiten braucht, kann das Leben seinen Sinn verlieren. Ein Partner oder beide leiden möglicherweise darunter und fragen sich, ob sie erfolgreich wären, wenn sie arbeiten müßten. Solche Selbstzweifel können den Charakter untergraben und sich negativ auf die Ehe auswirken.

Das größte Problem besteht darin, daß altes Familienvermögen ein Paar dazu verleiten kann, über seine Verhältnisse zu leben. Charlie und Jane suchten meinen Rat wegen ihrer schrecklichen Auseinandersetzungen. Charlie war schon einmal verheiratet gewesen und hatte mit seiner ersten Frau im Luxus gelebt, ohne Geld zu sparen. Er erwartete, von seinem Vater ein großes Vermögen zu erben. Nach der Scheidung bekam seine Frau nichts, weil die beiden während der Ehe weder Geld verdient noch Grundbesitz erworben hatten. Nachdem er Jane, seine zweite Frau, geheiratet hatte, starb sein Vater. Charlie war der Meinung, er müsse die Erbschaft mit seiner ersten Frau teilen, weil sie fünfzehn Jahre zusammen gelebt hätten und davon ausgegangen seien, daß sie wegen der zu erwartenden Erbschaft nicht zu arbeiten oder zu sparen bräuchten. Jane war dagegen, und sie stritten sich heftig darüber.

Charlie hatte mit seiner ersten Frau ein Abkommen getroffen, das er sogar nach der Scheidung einhalten wollte. Ich gratulierte Jane dazu, daß sie sich einen Mann mit einem so starken Verantwortungsgefühl ausgesucht hatte, und überzeugte sie davon, daß Charlie seiner ersten Frau etwas abgeben mußte. Ich riet Charlie, einen Teil des Vermögens gleichmäßig an seine erste Frau und an Jane zu verteilen. Er tat es. Jetzt war sein Gewissen beruhigt, und Jane war zufrieden.

Wenn ein Partner altes Familienvermögen besitzt, paßt sich das Paar in seiner Lebensweise meist den Verhältnissen des wohlhabenden Partners an, und beide sind der Meinung, daß sie ein Recht darauf haben. Die böse Überraschung kommt nach der Scheidung, wenn der weniger bemittelte Partner merkt, daß er keinen Anspruch auf das Vermögen des anderen hat.

Verschwendung

In den mittleren Jahren einer Ehe kommt es vor, daß einer der Partner zwanghaft Geld ausgibt: Die Frau kauft Kleider oder Sachen für den Haushalt und für die Kinder, obwohl sie die Rechnungen nicht bezahlen kann, und der Mann kauft einen Sportwagen, ein Boot oder eine teure Stereoanlage. Beide haben ein schlechtes Gewissen, können ihre Verschwendungssucht aber nicht überwinden. Diese Situation ist ein Zeichen dafür, daß die Partner nicht gemeinsam planen und Prioritäten setzen. Bisweilen spiegelt die Verschwendung auch Minderwertigkeitsgefühle wider, und manche Menschen wollen sich durch zwanghaftes Kaufen dafür rächen, daß sie nicht geliebt oder anerkannt werden.

Verschwendungssucht ist eine der größten Gefahren für eine Ehe. Wir wissen, daß Streit um das Geld einer der häufigsten Gründe für Scheidungen ist, und in den meisten Fällen hängt der Streit mit der Verschwendungssucht eines Partners zusammen.

Helene und Jeffrey waren seit drei Jahren verheiratet, als sie mich konsultierten. Jeffrey dachte daran, sich scheiden zu lassen. Er sagte, Helenes Verschwendung ruiniere ihn und zerstöre die Beziehung. Helene nutzte jedesmal einen Kreditrahmen voll aus, beschaffte sich dann eine neue Kreditkarte und machte wieder Schulden bis zum Limit. Beide Partner hatten einen guten Beruf und legten ihr Einkommen zusammen. Sie unterschieden sich jedoch sehr, was den Umgang mit Geld betraf. Jeffrey wollte sparen und benutzte nie Kreditkarten. Helene war im Grunde seiner Meinung, konnte aber nicht aufhören zu kaufen. Sie hatte das Gefühl, daß alles, was sie kaufte, notwendig oder wichtig war: Kleider, Geschirr, Möbel und Geschenke für Angehörige. Sie hatte zwar versprochen, nicht mehr auszugeben, als sie verdiente, war jedoch außerstande, ihr Versprechen zu halten, und Jeffrey mußte sie immer wieder vor Gläubigern retten.

Ich verstand Jeffreys Problem und Helenes Wunsch, sich zu ändern, und mir war klar, daß es ihr schwerfiel, ihre Zusagen einzuhalten. Jeffrey mußte ihr auf eine ungewöhnliche Weise helfen. Jedesmal, wenn Helene etwas kaufte – abgesehen von Lebensmitteln –, sollte er etwas doppelt so Teures und völlig Nutzloses kaufen. Das sollte er so lange tun, bis Helene ihr Problem gelöst hatte, selbst wenn die unnützen Dinge die ganze Wohnung verstopfen würden. Jeffrey befolgte meinen Rat, und nach einigen Wochen ging Helene sehr vorsichtig mit ihrem Geld um. Jetzt machte sie sich Sorgen über Jeffreys Schulden und verabscheute das Zeug, das er nach Hause brachte.

Geiz

Nach der Verschwendungssucht ist der Geiz wohl die häufigste Ursache für Eheprobleme, vor allem in traditionellen Ehen. Wenn ein Paar vereinbart hat, daß einer der Partner berufstätig ist und der andere sich um den Haushalt kümmert, besteht der «Ernährer» mitunter darauf, daß seine Stimme ein größeres Gewicht hat, wenn es um die Finanzen geht. Wenn zum Beispiel der berufstätige Mann sich weigert, seiner Frau das Geld zu geben, das sie braucht oder haben möchte, hält die Frau ihren Mann für einen Geizkragen, der ihr und der Familie bewußt die Dinge vorenthält. Dann besteht die Gefahr, daß die Frau sich rächt und dafür die Kinder oder die Familie des Partners mißbraucht. Solche Paare werden mit dem harten Alltag nur schwer fertig; sie gehen kein Risiko ein und gewinnen vielleicht sogar Sicherheit – aber auf Kosten ihres Glücks.

Selbst wenn beide Partner verdienen, ist oft einer der Geizhals, während der andere die Einkäufe besorgt. Je geiziger ein Partner wird, desto mehr neigt der andere dazu, Geld auszugeben, um gegen den Geiz des anderen zu protestieren oder ihn zu kompensieren. Doch je mehr er ausgibt, desto entschiedener wehrt der Geizige sich dagegen. Die Folgen davon sind, daß sich Mann und Frau gegenseitig Vorwürfe machen, sich auseinanderleben und nicht mehr viel gemeinsam unternehmen. Meist läuft solch eine Situation auf eine Scheidung hinaus.

Besondere Probleme treten auf, wenn jemand großzügig zu sich selbst, aber geizig gegenüber anderen ist. Alfred war beispielsweise sehr reich. Er lebte mit einer jungen Frau zusammen, die kein eigenes Geld hatte. Oft unternahm er lange Vergnügungs- oder Geschäftsreisen. Mit seiner Freundin traf er eine Vereinbarung: Er reiste stets erster Klasse, während sie sich mit der Touristenklasse begnügte. Den Preisunterschied zahlte er ihr in bar aus, und sie durfte mit diesem Geld einkaufen. Er weigerte sich, ihr Geld zum Einkaufen zu geben, wenn sie nicht in der Touristenklasse flog. Dieses Verhalten ist gar nicht so selten.

Es gibt aber auch Leute, die geizig gegenüber sich selbst und spendabel gegenüber anderen sind. Karl besaß nur drei Hosen; denn seine Einstellung war: «Eine habe ich an, eine hängt im Schrank, eine ist in der Reinigung.» Doch der Schrank seiner Frau war mit teuren Kleidern gefüllt, die er für sie gekauft hatte. Dennoch war er immer der Meinung, das sei nicht genug. Dieses Verhalten kann die Frau glücklich machen und eine Ehe stabilisieren.

Entbehrungen

Die meisten jungen Leute heiraten mit der Begeisterung überzeugter Camper: «Manchmal ist es ein wenig ungemütlich, aber schön ist es doch!» In der Regel erleben diese Paare eine unangenehme Überraschung, wenn ihnen klarwird, daß sie mehr Wünsche und Bedürfnisse haben als erwartet und daß das Geld nie reicht.

Am häufigsten ist diese Situation in den mittleren Jahren einer Ehe. Der Mann ärgert sich darüber, daß die Frau sich keine bessere Stellung sucht, und sie ist enttäuscht, weil der Mann nicht mehr verdient. Oft geben die beiden mehr aus, als sie sich leisten können, und werfen einander vor, Geld zu verschwenden.

«Müllers haben es auch!»

In den mittleren Jahren einer Ehe befinden viele Paare sich in einer wirtschaftlichen Misere, die sie nicht gewollt haben. Nur wenige stellen einen Finanzplan auf. Entscheidungen werden von Tag zu Tag getroffen und richten sich danach, was die anderen tun, ohne die wahren Bedürfnisse des Ehepaares zu berücksichtigen.

Es kann sein, daß das Paar ein Haus kauft, obwohl es die Hypothekenzinsen nur mühsam verkraften kann. Oder die beiden leisten sich zwei Autos, die größer sind als notwendig. Vielleicht geben sie auch zuviel Geld für Möbel oder für den Urlaub aus. Meist steckt der Wunsch dahinter, anderen nicht nachzustehen und die Erwartungen der Umgebung zu erfüllen. Materieller Besitz vermittelt das Gefühl, zu einer bestimmten gesellschaftlichen Gruppe zu gehören, deren Mitglieder alle in ähnlichen Häusern wohnen und ähnliche Dinge besitzen. Viele Ehen werden offenbar vom gemeinsamen Wunsch zusammengehalten, materielle Besitztümer anzuhäufen.

Geld und Macht

Ehepaare müssen sich darüber verständigen, wer in welchem Bereich der Ehe die Macht ausübt. Manche Paare teilen sich einfach die Verantwortung. In einer traditionellen Ehe ist die Frau für den Haushalt und die Kinder zuständig und entscheidet, wie das Geld in diesem Bereich ausgegeben wird. Der Mann verdient das Geld und entscheidet darüber, wie es angelegt wird. In solchen Ehen kommt es zum Streit, wenn der Mann Geld investieren will, das die Frau für den Haushalt ausgeben möchte.

Bei anderen Paaren gilt die stillschweigende Übereinkunft, daß derjenige, der das Geld verdient, auch mehr Macht hat und daher allein entscheidet, wie das Geld ausgegeben wird, oder zumindest ein Vetorecht hat, wenn der andere etwas ausgeben will. Der Partner, der nicht berufstätig ist oder weniger verdient, ist oft neidisch auf die Macht des anderen. Und so gibt er heimlich Geld aus oder verbündet sich mit den Kindern gegen den Mächtigeren. Dann fühlt der allein oder besser Verdienende sich ausgeschlossen und beneidet die anderen Familienmitglieder um ihre enge Beziehung.

Bei manchen Paaren täuscht ein Partner vor, Macht über das

Geld zu haben, und der andere spielt mit. Mit dieser Taktik kann man einen schwierigen Partner, die Kinder oder die Eltern zufriedenstellen.

«Ich habe immer mit einer Lüge gelebt!» sagte Dorothy mit Tränen in den Augen. «Ich war so unfair zu meinem Vater. Immer habe ich ihn für faul gehalten. Ich glaubte, meine Mutter ernähre die Familie. Aber es war genau umgekehrt.»

Dorothys Eltern, Leo und Rachel, waren arme Einwanderer, die unter ihrer Wohnung ein Ladengeschäft eröffnet hatten. Rachel arbeitete im Laden, während Leo Kunden und Lieferanten besuchte. Er war meist verreist, während Rachel im Laden stand. Rachel klagte ständig darüber, wie hart sie arbeite, während ihr Mann nichts tue. Die Kinder wuchsen im Glauben auf, ihr Vater sei faul – nicht nur, weil die Mutter das behauptete, sondern weil der Vater fast immer weg war, so daß sie ihn nicht arbeiten sahen. Sie dachten, die Mutter ernähre die Familie, denn sie sahen ja, daß sie die Kasse bediente. Da sie den Kindern ohne Wissen des Vaters Geld gab, glaubten sie, das Geld gehöre ihr. Später, als die Kinder ihr eigenes Geschäft hatten, wurde ihnen klar, daß der Vater in all diesen Jahren sehr hart gearbeitet hatte, ohne daß die Familie es ihm dankte.

Krisen

In den mittleren Jahren einer Ehe folgt bisweilen eine Krise der anderen. Die Partner haben das Gefühl, einen Hindernislauf zu absolvieren: Sobald sie eine Hürde überwunden haben, stehen sie der nächsten, noch größeren gegenüber.

Krisen, die mit den Kindern zu tun haben, sind Schulprobleme, Verhaltensstörungen und Krankheiten. Andere Krisen betreffen die Großeltern: Sie werden älter, vielleicht krank, und das jüngere Paar muß sich um sie kümmern. Der Tod der Eltern ist wohl die größte Krise dieser Art. Auch im Beruf kommt es zu Krisen: Berufswechsel, Arbeitslosigkeit, Probleme am Arbeitsplatz, Überschuldung. Arbeitslosigkeit oder ein Berufswechsel sind ernste Krisen, welche die Stabilität der Familie gefährden.

Viele Krisen gehen mit finanziellen Problemen einher. Vielleicht ließen sich die Probleme eines Kindes lösen, wenn es eine Privatschule besuchen würde – aber die Eltern streiten sich darüber, ob das Geld dafür gut angelegt ist, oder sie sind sich zwar einig, daß diese Lösung die beste wäre, können aber das nötige Geld nicht aufbringen. Wenn das Geld fehlt, streiten sie möglicherweise darüber, ob die Frau arbeiten gehen soll oder ob die Familie ihre Ersparnisse angreift. Eine ähnliche Situation kann die Krankheit eines Partners oder eines Elternteils heraufbeschwören. Die Frage ist dann, woher man das nötige Geld nehmen und wie man es ausgeben soll.

Affären

In den mittleren Jahren einer Ehe wird das Sexualleben vieler Paare ausgeglichener, denn das Verlangen des Mannes nimmt mit zunehmendem Alter ab, während das Verlangen der Frau zunimmt. Leider ist dieser Zustand oft nur von kurzer Dauer.

Zwei Krisen treten häufig auf. Erstens kann das sexuelle Verlangen der Frau weiter zunehmen, während das des Mannes weiter abnimmt, und schließlich sucht die Frau sexuelle Erfüllung bei einem anderen Mann. Zweitens leiden manche Männer unter einem «Lolitakomplex». Sie sind der Meinung, ihr Geschlechtstrieb gehe zurück, weil ihre Frau nicht attraktiv genug sei, und sie suchen sich eine jüngere Frau, die ihre Sexualität anregen soll. Manchmal gelingt das, aber bald beginnt der ganze Zyklus von neuem, und außerdem muß der Mann wieder eine Familie gründen.

Einige Paare überleben die erste außereheliche Affäre eines Partners nicht, weil der betrogene und in seinem Stolz verletzte Partner sich scheiden läßt. Es kommt auch vor, daß der untreue Partner die Ehe aus Scham beendet, wenn seine Affäre entdeckt wird.

Manchmal bleibt eine Ehe in den mittleren Jahren trotz mehrerer Affären stabil. Das kann sogar an den Affären selbst liegen.

Besonders schwierig wird die Situation, wenn die Affären zu finanziellen Problemen führen. Der Mann unterstützt möglicherweise eine andere Frau oder gar eine andere Familie. Die Frau fällt vielleicht auf einen Betrüger herein, der ihr das Geld aus der Tasche zieht. In solchen Fällen ist die Folge fast immer eine Scheidung.

Angst vor Verlusten und Armut

In wirtschaftlich unsicheren Zeiten ist die Furcht vor Arbeitslosigkeit oder vor dem Verlust der Ersparnisse immer vorhanden. Solche Ängste können Streit über das Geld auslösen und ziehen oft viele Probleme nach sich, zum Beispiel Krankheit, Depressionen und sexuelle Störungen. Es kommt vor, daß ein Partner von seiner Angst geradezu besessen ist. Dann ist ihm seine Arbeit wichtiger als die Beziehung zum Partner oder zu den Kindern. Diese Situation kann jahrelang andauern und eine Ehe unglücklich machen.

Angst vor Armut ist vor allem bei jenen Menschen verbreitet, die in einer armen Familie oder während einer Wirtschaftskrise aufgewachsen sind oder die Krieg, Flucht oder Vertreibung mitgemacht haben. Unter Angst leiden auch Menschen, die ihr Vermögen verloren und sich wieder emporgearbeitet haben: Sie fürchten, erneut alles zu verlieren, und darum arbeiten sie ihr Leben lang in einem Beruf, den sie verabscheuen. Wenn auch noch Gier hinzukommt, entzweien sich Familienmitglieder, weil sie darüber streiten, wer von ihnen es weiter gebracht hat.[1]

Sarah und Aron wurden politisch verfolgt, bevor sie in die USA auswanderten. In den ersten Jahren dort waren sie sehr arm, und ihre fünf Kinder lebten in ständiger Angst vor dem finanziellen Ruin. Sie entschieden sich nicht für den Traumberuf, weil ihnen finanzielle Sicherheit wichtiger war. Die Rivalität zwischen den Kindern nahm schon in jungen Jahren zu und steigerte sich bis zum Haß. Michael stahl seinen Geschwistern Geld, das er gar nicht brauchte – was er brauchte, war ein Gefühl der Sicherheit. Seine Frau litt unter schweren Panikattacken, und seine Tochter konsultierte mich, weil sie Probleme mit ihrem heranwachsenden, depressiven Sohn hatte. Der Junge verteidigte sich mit den Worten: «Opa hat mir erzählt, daß er der Familie Geld gestohlen hat.» Das konnte er nicht verstehen; denn er war in finanziell gesicherten Verhältnissen aufgewachsen. Um ihn von seinen Depressionen zu befreien, bat ich seine Mutter, ihm alles zu erzählen, was sie von ihrem Vater wußte, und der Familie zurückzugeben, was ihr Vater gestohlen hatte.

Menschen, die in sicheren Verhältnissen aufgewachsen sind, verstehen oft nicht, warum die Kinder von Einwanderern so große Angst vor Armut haben – häufig größere Angst als ihre Eltern.

Die meisten Angehörigen der Mittelschicht leiden ebenfalls unter finanzieller Unsicherheit und fürchten sich vor dem Verlust ihres Geldes. Angehörige einer wohlhabenden Familie fühlen sich meist sicher und glauben, das Geld werde immer ausreichen. Selbst Arbeiterfamilien sind in der Regel der Meinung, in gesicherten Verhältnissen zu leben, und sie glauben nicht, ihre finanzielle Situation werde sich wesentlich bessern oder verschlechtern. Die Angehörigen der Mittelschicht haben dagegen keine Garantie, daß sie ihre Position halten können. Sie müssen viel lernen, noch härter arbeiten und sich sehr anstrengen, um in der Schicht zu bleiben, in die sie hineingeboren wurden.

Kinder von Eltern, die der Mittelschicht angehören, finden das harte Leben der Eltern oft nicht lebenswert und wissen die Bemühungen der Eltern nicht zu schätzen. Die Angst vor Verarmung, die harte Arbeit und der Kummer über die undankbaren Kinder gefährden die Ehe der Eltern.

Unzufriedenheit mit dem Beruf

Daß wir Probleme am Arbeitsplatz mit nach Hause nehmen, ist bekannt. Wer mit seinem Beruf unzufrieden ist, läßt seinen Ärger oft am Partner oder an den Kindern aus, und die negativen Folgen sind vorhersehbar. Manchmal lösen berufliche Probleme Depressionen aus, unter denen auch die Familie leidet. Es kann auch sein, daß der unglückliche Partner mehr Unterstützung von der Familie verlangt. Leider ist das Leben nicht so gerecht, und meist findet er in der Familie nicht den Trost, den er sucht. Wenn der Vater oder die Mutter Probleme am Arbeitsplatz hat, kann sogar das Selbstwertgefühl der Kinder darunter leiden.

Berufliche Unzufriedenheit kann auch ein Mittel sein, um Druck auf die Familie auszuüben. Meine Mutter pflegte zu sagen: «Stört euren Vater nicht, und paßt auf, was ihr sagt – er hat viel Ärger in der Firma.» Wann immer wir etwas brauchten oder ein Problem hatten, bestand meine Mutter darauf, das Gespräch aufzuschieben, weil der Vater zu sehr mit seinen beruflichen Sorgen beschäftigt sei. Diese Situation bewahrte meinen Vater davor, sich mit den Kindern beschäftigen zu müssen, und machte meine Mutter zur Vermittlerin zwischen uns Kindern und dem Vater.

Erfolg

In den mittleren Jahren einer Ehe wird einer der Partner möglicherweise beruflich erfolgreich, wohlhabend oder berühmt. Erfolg ist aber fast so schwer zu bewältigen wie Mißerfolg. Der erfolgreiche Partner wird oft anspruchsvoller oder distanzierter, während der andere eventuell damit zu kämpfen hat, sich mit der schwächeren finanziellen Position abzufinden. Erfolg bringt oft Arroganz und Stolz mit sich, und darunter kann die Beziehung nur leiden.

Noch komplizierter ist die Situation, wenn der erfolgreiche Partner zwischen Arroganz und Furcht schwankt. Viele sehr erfolgreiche Menschen halten sich für Scharlatane und fürchten ständig, entlarvt zu werden. Sie sind der Meinung, sie hätten ihren Erfolg nicht verdient, ihre Persönlichkeit sei nur eine Maske und sie könnten die in sie gesetzten Erwartungen nicht erfüllen. Infolgedessen verlangen sie ständig Unterstützung und Zuspruch, und das fordert von der Ehe seinen Tribut.

Langeweile

Wirtschaftliche Stabilität führt oft zu Langeweile. Ohne den Kampf ums Dasein macht sich in vielen Ehen nach einigen Jahren Leere breit. Der Partner ist wie ein alter Schuh, Gespräche verlaufen immer gleich, das Verhalten ist vorhersehbar. Es fehlt an Aufregung, an Abenteuern. Zum Glück werden viele Paare hin und wieder durch die vielen Krisen in dieser Zeit von ihrer Langeweile abgelenkt. Aber in Phasen der Ruhe macht sie sich wieder bemerkbar.

Um die Öde zu überwinden, greifen manche Menschen zu Maßnahmen, die gar nicht ihren Wünschen entsprechen – sie machen Einkaufstouren, reisen viel oder streiten mit jedem über alles. Oft geht mit der Langeweile die Vorstellung einher, irgendwo da draußen müsse es einen Menschen geben, der interessanter, aufregender, weniger langweilig ist. Die Folge können außereheliche Affären sein. Manche Ehepartner geben zwanghaft Geld aus oder versuchen wie besessen, mehr zu verdienen, um ihrer Langeweile zu entrinnen.

Tod eines Elternteils

Für die meisten Menschen ist der Tod der Mutter oder des Vaters der größte Schock ihres Lebens. Oft tritt dieses Ereignis in den mittleren Jahren der Ehe ein und belastet die Beziehung. Es ist schwierig, glücklich zu sein, wenn man über den Tod der Mutter oder des Vaters trauert.

Noch größer ist die Belastung, wenn ein Testament und eine Erbschaft vorhanden sind. Einerlei, wie sorgfältig der Erblasser seinen letzten Willen formuliert hat, die Erben sehen ihn immer aus einem anderen Blickwinkel. Meist streiten sich die Erben darüber, wer welche Rechte hat, wem ein Geschenk zusteht und wer aus welchem Grund entschädigt werden soll. Solche Auseinandersetzungen bedrohen das Glück einer Ehe.

Roger und Betty suchten mich wegen eines sexuellen Problems auf. Nach vier Jahren Ehe hatte Roger das Interesse am Sex verloren. Er hatte keine Erektionen oder litt unter vorzeitigen Ejakulationen. Betty hatte ein schlechtes Gewissen. Sie glaubte, sie verlange von ihrem Mann zuviel. Ich fragte sie nach ihrer Familie, ihrem Leben und ihren Plänen und erfuhr, daß Roger vor kurzem seinen Vater verloren hatte und vor zwei Jahren seine Mutter. Er und Betty hatten sich in den letzten zwei Jahren mit Rogers Familie über das Testament der Mutter gestritten. Sie hatte Rogers Schwester das Haus vermacht und Roger praktisch enterbt. Seine sexuellen Probleme begannen, nachdem das Testament verlesen worden war. Obwohl er später eine zufriedenstellende Übereinkunft mit seiner Schwester traf, blieb er impotent. Dennoch hatten er und Betty nie einen Zusammenhang zwischen dem Erbstreit und den sexuellen Problemen hergestellt.

Ich sagte, wenn seine Mutter darauf aus gewesen sein sollte, ihn zu kastrieren, dann sei ihr das offensichtlich gelungen. So hatte er die Angelegenheit noch nicht betrachtet. Eine mehrwöchige Sexualtherapie verhalf Roger und Betty wieder zu einem erfüllten Geschlechtsleben.

Wie Sie die mittleren Jahre überstehen

Sie können die Chancen verbessern, daß Ihre Ehe ihre mittleren Jahre heil übersteht. Einige mögliche Maßnahmen wollen wir uns näher ansehen.

Lösen Sie Geldprobleme gemeinsam

Es ist verführerisch, dem Partner alle unangenehmen finanziellen Entscheidungen zu überlassen. Geben Sie dieser Versuchung nicht nach! Wenn Sie Streit und Groll vermeiden wollen, ist es am besten, Probleme, die mit Geld zu tun haben, gemeinsam zu lösen, und zwar eines nach dem anderen. Setzen Sie sich regelmäßig zusammen, um diese Fragen zu besprechen. Besonders wichtig ist es, gemeinsam zu entscheiden, wie Sie Ihr Geld für die Kinder ausgeben.[2]

Treffen Sie zeitlich befristete Entscheidungen

«Du warst doch damit einverstanden!» «Weißt du nicht mehr, was du gesagt hast?» «Es war doch deine Entscheidung!» Die meisten von uns hören solche Vorwürfe immer wieder. Denken Sie daran, daß nur wenige Entscheidungen ein Leben lang gelten, und legen Sie einen zeitlichen Rahmen fest, wenn Sie etwas vereinbaren. Wenn Sie darüber entscheiden, wo Sie wohnen oder welches Auto Sie kaufen, dann gilt diese Vereinbarung möglicherweise nur für eine bestimmte Zeit. Die Welt, Ihre finanzielle Situation, aber auch Sie und Ihr Partner verändern sich, und man kann über alles neu verhandeln.

Treffen Sie bei Bedarf neue Vereinbarungen

Entscheidungen über die Arbeit oder das Geld können Schuldgefühle und Groll auslösen und dadurch Ihre Ehe bedrohen. Wenn Sie ein schlechtes Gewissen haben oder sich ärgern oder wenn Sie vermuten, daß Ihr Partner solche Gefühle hegt, setzen Sie sich noch einmal zusammen, und besprechen Sie das heikle Thema. Treffen Sie eine Vereinbarung, die beide Teile zufriedenstellt. Eine Ehe ist nicht gut, wenn es Sieger und Verlierer gibt.

Feilschen Sie nicht ewig

Manche Paare verhandeln und feilschen ihr Leben lang miteinander. Überlegen Sie, wie oft Sie über ein bestimmtes Problem reden wollen, setzen Sie sich ein zeitliches Limit, und treffen Sie dann eine endgültige Entscheidung, damit Sie Zeit für andere Themen haben.

Geben ist seliger denn nehmen

Benehmen Sie sich nicht wie Rivalen. Versuchen Sie, mehr zu geben, als Sie nehmen. Denken Sie daran, daß Liebe immer mit Großzügigkeit verbunden ist. Führen Sie nicht Buch darüber, wieviel Sie geben und bekommen. In einer Ehe geben und nehmen die Partner über viele Jahre hinweg, und letztlich profitieren beide davon. Was Sie heute in Form von Geld geben, erhalten Sie wahrscheinlich in Form von Liebe, Sicherheit oder Sex zurück.

Seien Sie nicht abweisend

Sind Sie abweisend zu Ihrem Partner, wenn Sie in finanziellen Angelegenheiten anderer Meinung sind? Dann dürfen Sie nicht damit rechnen, daß er den Grund Ihres Verhaltens durchschaut! Wenn Sie etwas auf dem Herzen haben, sagen Sie es offen. Geldprobleme dürfen nicht Ihre gemeinsame Freude trüben. Zeigen Sie Mitgefühl, wenn der Partner sich Sorgen über seine Arbeit oder über das Geld macht, und seien Sie aufrichtig, wenn Sie solche Sorgen haben. Aber denken Sie daran, daß Ihre Ehe nicht unter Geldproblemen leiden darf.

Es ist besser zu arbeiten, als nicht zu arbeiten

Nur Sie wissen, ob Sie arbeiten sollten oder nicht. Wenn Sie mehr arbeiten müssen, weil die Familie Geld braucht, zögern Sie nicht, es zu tun. Selbst wenn Sie das Geld nicht unbedingt brauchen, ist es wahrscheinlich besser, arbeiten zu gehen. Verzichten Sie nur darauf, wenn es nicht notwendig ist und der Familie schaden würde.

Meiden Sie Affären

Es ist schwierig, die finanziellen Folgen einer außerehelichen Affäre vorauszusagen. Zu den vielen negativen Folgen gehören Erpressung, der Verlust von Unterhaltszahlungen im Falle einer Scheidung, außereheliche Kinder und die Bürde, noch einen Partner oder dessen Familie unterstützen zu müssen.

Seien Sie knauserig / seien Sie spendabel

Wenn Sie zuviel ausgeben, sollten Sie knauserig werden. Wenn Sie ein Geizkragen sind, sollten Sie eine Zeitlang ungehemmt Geld ausgeben. Ein Geizhals hat meist einen Partner, der gerne Geld ausgibt. Wenn Sie das typische Verhalten Ihres Partners imitieren, zeigen Sie Verständnis und Mitgefühl. Das weiß der Partner zu schätzen. Es ist gut, ab und zu in die Haut des anderen zu schlüpfen!

Finden Sie sich mit Geldmangel ab

Seien Sie nicht jedesmal überrascht, wenn Sie finanzielle Probleme haben – so ist das Leben! Akzeptieren Sie es, und Sie leiden weniger darunter. Wenn Sie sich dessen bewußt sind, daß das Geld nie reicht, geraten Sie nicht in Versuchung, sich nach anderen zu richten. Wir alle sollten uns weder Sorgen über das Geld noch über den Tod machen. Wir wissen, daß wir sterben müssen, doch wenn wir ständig daran denken, können wir nicht glücklich sein.

Geld vertreibt Langeweile

Wenn Sie zwischen Langeweile in der Ehe und Freigebigkeit wählen müssen, entscheiden Sie sich für das letztere! Viele Ehen werden durch einen Urlaub gerettet, den die Partner sich gar nicht leisten können. Auch durch ein Geschenk zur rechten Zeit können Sie die Zuneigung des Partners gewinnen.

Ist Geld wirklich das Problem?

Geld an sich ist nie ein Problem. Das Problem besteht darin, ob das Geld notwendige Dinge oder zwischenmenschliche Beziehungen symbolisiert. Wenn es ein Symbol für Dinge ist, streiten wir über materiellen Besitz: Wem gehört das Haus, wie groß ist unser Anteil an einer Erbschaft, wieviel können wir ausgeben? Ist Geld dagegen ein Sinnbild für Beziehungen, geht es bei vielen Auseinandersetzungen in Wahrheit um Macht, Fürsorge, Zuwendung, Hingabe oder Sex.

Wenn es Ihnen nicht gelingt, die mittleren Jahre Ihrer Ehe gemeinsam zu bewältigen, stehen Ihnen wahrscheinlich eine Scheidung und eine neue Ehe bevor. Damit befassen wir uns im nächsten Kapitel.

Kapitel 6

Scheidung und die zweite Ehe

Eine Scheidung ist grausam, und die Wunden, die sie schlägt, sind tief und heilen langsam. Sie wirkt sich auf alle unsere Beziehungen aus, solange wir leben. Das gilt natürlich auch für die seelischen und wirtschaftlichen Beziehungen zum neuen Partner.

Oft haben wir den Eindruck, daß wir unseren Mann oder unsere Frau erst nach der Scheidung richtig kennenlernen. Einerlei, wie lange die erste Ehe gedauert hat und wie gut wir den Partner zu kennen glaubten, während des Scheidungsverfahrens müssen wir mit der Tatsache fertig werden, daß der Mensch, mit dem wir unser ganzes Leben zusammen sein wollten, der Vater oder die Mutter unserer Kinder, uns wie ein Fremder vorkommt. Die unangenehmen Seiten, die bei ihm während des Verfahrens zum Vorschein kommen, überraschen und erschüttern uns. Ist das der Mensch, den wir so gut gekannt haben? Wie ist es möglich, daß er sich derart geändert hat?

Es gibt zwei Erklärungen dafür. Erstens macht jeder Partner während des Scheidungsverfahrens eine Persönlichkeitsveränderung durch, und zweitens wird der Partner uns fremd, weil wir ihn nicht mehr lieben. Da wir uns dieser Tatsachen meist nicht bewußt sind, fällt es uns schwer, die Veränderungen zu verstehen, die wir beobachten. Der Partner muß uns fremd werden, damit wir uns von ihm scheiden lassen können; dennoch sind wir tief getroffen und wütend. Nach der Scheidung trauen wir unserer Menschenkenntnis nie wieder uneingeschränkt.

Scheidung und Verlust der Unschuld

Die Scheidung tötet die Ehe. Drei Arten von Bindungen können dabei zerstört werden: das Band zwischen den Partnern, das finanzielle Band und das Band zwischen Eltern und Kindern. Wenn das Paar ein gemeinsames Geschäft betreibt, bricht oft auch dieses zusammen.

Im Idealfall sollten wir nur das erste Band durchtrennen: das Band zwischen den Ehepartnern. Doch um das zu erreichen, müssen wir den Partner zu einem Fremden machen, und das schwächt oder zerstört auch die anderen Bindungen. Es ist schwierig, die Kinder und den Besitz mit einem Fremden zu teilen. Während der Scheidung sind die Partner mißtrauisch, was die Motive und Absichten des anderen betrifft, vor allem, wenn es um das Geld und um die Kinder geht. Je tiefgreifender die Entfremdung wird, desto drängender wird die Frage: Warum soll ich diesem Fremden meine Kinder oder mein Geld geben?

Die heftigsten Kämpfe werden während des Scheidungsverfahrens häufig um das Geld ausgefochten, aber schmerzlicher ist der Streit um die Kinder. Am schlimmsten ist es, wenn ein Elternteil die Kinder ablehnt, verläßt oder vernachlässigt, als wolle er sich auch von ihnen scheiden lassen. Damit will er den Partner verletzen, und in der Tat sitzt dieser Schmerz tiefer als der Ärger über verlorenes Geld.

Scheidungsfolgen

Nach der Scheidung ist ein Mensch nie wieder derselbe. Wie Soldaten, die aus dem Krieg heimkehren, leiden manche Geschiedene unter drastischen Veränderungen ihrer Persönlichkeit und ihrer Einstellung zum Leben.

Ron suchte mich auf, weil er deprimiert war. Er hatte Mitte Dreißig als erfolgreicher Hoteldirektor zum erstenmal geheiratet. Cheryl, seine Frau, war zehn Jahre jünger und half ihm bei der Arbeit.

Die Ehe stand von Anfang an unter keinem guten Stern, weil Ron seine Frau mit Herpes ansteckte. Cheryl war empört und verlor das Interesse am Sex. Dennoch hielten sie an ihrem Plan fest, sofort Kinder zu bekommen, und Cheryl blieb zu Hause, um die Kinder zu versorgen. Sie führten eine traditionelle Ehe. Ron ging völlig in seiner Arbeit auf, und Cheryl widmete sich dem Haushalt und den Kindern. Sie hatten nur selten Sex, sprachen wenig miteinander und hatten nichts gemeinsam.

Cheryl war unglücklich, vor allem weil Ron sich ihrer Meinung nach zu wenig um die Kinder kümmerte. Sie drängte ihn immer wieder, mehr Zeit mit den Kindern zu verbringen, aber er änderte sich nicht. Die Ehe war stabil, aber unbefriedigend.

Dann verlor Ron seine Stellung und fand keine neue, weil die Hotels unter der Wirtschaftskrise litten. Das war ein unerwarteter Schock. Jetzt war er die ganze Zeit zu Hause, und beide Partner merkten noch deutlicher, wie unzufrieden sie mit ihrer Ehe waren. Cheryl zog mit den Kindern zu ihren Eltern in eine andere Stadt und reichte die Scheidung ein.

Ron wurde immer niedergeschlagener. «Ich dachte ständig an die Fehler, die ich während der Ehe gemacht hatte», sagte er mit Tränen in den Augen. «Ich war ein schlechter Mann und Vater. Jetzt, wo die Kinder weg sind, weiß ich, wie wichtig sie für mich sind und wie wichtig ich für sie bin.»

«Arbeiten Sie jetzt? Unterstützen Sie Ihre Frau und die Kinder?» fragte ich.

«Eigentlich nicht», sagte er. «Ich könnte in einer anderen Stadt eine Stelle als Hotelmanager bekommen, aber ich will nicht so weit weg von den Kindern sein. Mir ist klargeworden, daß Geld nicht so wichtig ist. Nur die Beziehung zu meinen Kindern ist wichtig. Ich arbeite als Zeitungsausträger und verdiene damit so viel Geld, daß ich davon leben kann. Darum wohnen Cheryl und die Kinder wieder bei Cheryls Eltern.»

Ich war überrascht, da ich wußte, daß er ein erfolgreicher Manager gewesen war. «Sie könnten doch sicher eine bessere Arbeit finden!»

«Aber ich will nicht», murmelte er. «Ich bin froh, daß ich nicht mehr so arbeitssüchtig bin. Jetzt habe ich genug Zeit für die Kinder.»

«Und Ihr Schwiegervater unterstützt sie finanziell?» fragte ich.

«Cheryl geht wieder in die Schule, und vielleicht findet sie Arbeit», antwortete er.

Ich sah ihn ungläubig an. «In ein paar Jahren sind Ihre Kinder siebzehn oder achtzehn Jahre alt und wollen aufs College gehen», sagte ich. «Dann haben Sie kein Geld, um ihnen zu helfen. Wollen Sie ihnen dann erzählen, daß Sie mittellos sind, weil Sie nicht arbeiten, und daß Sie nicht arbeiten, um mehr Zeit für sie zu haben?»

«Daran habe ich nicht gedacht», gab er zu.

«Und was denken Ihre Kinder jetzt von ihrem einst so erfolgreichen Vater, der Zeitungen verkauft? Was für ein Vorbild sind Sie für Ihre Kinder?»

«Glauben Sie denn, ich bin kein gutes Vorbild für sie?» fragte er überrascht.

«Ich denke, Sie sind total verrückt!» Ich wollte ihn durch meine drastische Formulierung auf den Boden der Tatsachen zurückbringen. «Seit Tausenden von Jahren erwartet man von Eltern, daß sie ihre Kinder unterstützen. Also ist das wohl nicht ganz verkehrt, oder? Und Sie hören plötzlich auf zu arbeiten, weil Sie lieber mit Ihren Kindern spielen. Ist Ihnen eigentlich klar, daß sie bald Heranwachsende sein werden und daß Sie ihnen dann Ihre Entscheidung erklären müssen?»

«Was soll ich Ihrer Meinung nach tun?» Er schien noch verwirrter zu sein als zuvor.

«Ich denke, Sie sollten nach einer Stellung suchen, die Ihren Fähigkeiten entspricht», antwortete ich. «Da der Kontakt zu Ihren Kindern wichtig ist, sollten Sie versuchen, in der Nähe zu bleiben. Aber nehmen Sie, was Sie kriegen. Bestehen Sie aber darauf, daß Ihre Firma Ihnen pro Jahr einige Reisen zu Ihren Kindern bezahlt.»

Er schwieg lange.

«Dann können Sie Ihre Kinder unterstützen und Geld für ihre Ausbildung zurücklegen», fügte ich hinzu.

Wieder eine lange Pause. Dann sagte er: «Ich glaube, Sie haben recht. Anscheinend habe ich vorübergehend den Verstand verloren.» Er dankte mir und ging.

Ein Jahr später rief er mich an, um sich noch einmal zu bedanken. Er hatte Glück gehabt und Arbeit in der Stadt gefunden. Darüber war er sehr froh, weil er nun auch seinen Kindern helfen konnte.

«Als ich Sie besuchte», sagte er, «wußte ich gar nicht mehr, wer ich war und was ich wollte. Sie haben mich in die Realität zurückgebracht.»

Cheryl konnte Ron während ihrer Ehe nicht ändern. Erst das Trauma der Scheidung machte aus ihm, was sie sich gewünscht hatte. Vor einem Jahr hatte er geglaubt, er sei ein empfindsamer, fürsorglicher Vater geworden; doch in Wirklichkeit war er ein unsicherer, unverantwortlicher Spielgefährte für seine Kinder gewesen. Ich hatte ihn an das erinnert, was er vergessen hatte: daß er als Vater nicht nur die Pflicht hatte, mit seinen Kindern zu spielen, sondern auch, für ihre Zukunft zu sorgen und zu planen.

Verlorene Illusionen

Die Scheidung geht mit einem Verlust der Unschuld einher. Wir erfahren, daß eine Ehe nicht immer fürs Leben geschlossen wird. Wenn wir wieder heiraten, wollen wir uns und unsere Kinder vor den Folgen einer neuen Scheidung schützen. Wir beginnen die neue Ehe also bereits mit Gedanken an die Scheidung, weil wir nun wissen, daß wir auf das Schlimmste vorbereitet sein sollten.

Wer zum zweitenmal heiratet, will geliebt werden und fürchtet sich zugleich vor einer neuen Enttäuschung – aber auch davor, daß er seinen zweiten Partner erst nach einer neuerlichen Scheidung wirklich kennenlernen wird.

Nach einer Scheidung verlieben Sie sich meist in einen Menschen, der Ihrer Meinung nach das Gegenteil des ersten Partners ist. Dennoch fürchten Sie sich davor, daß die Ereignisse sich wiederholen könnten, und suchen insgeheim ständig nach Anzeichen dafür, daß der zweite Partner auch nicht anders ist als der erste.

Ein seltsames Paradox der zweiten Ehe besteht darin, daß der zweite Partner im Laufe der Zeit dem ersten immer ähnlicher zu werden scheint. Bald dämmert Ihnen die schreckliche Wahrheit: Sie haben den gleichen Menschen noch einmal geheiratet.

Dafür gibt es eine einfache Erklärung: *Sie* sind der gleiche Mensch geblieben. Der zweite Partner interagiert mit Ihnen, und darum beschränkt Ihr Verhalten die Bandbreite seines Verhaltens. Die Persönlichkeit des Partners ist nur eine Seite der Interaktion; darum wird es Ihnen immer so vorkommen, als verhalte der zweite Partner sich wie der erste, einerlei, wen Sie heiraten.

Da Sie sind, wie Sie sind, und da der zweite Partner anscheinend dem ersten gleicht, fürchten Sie, daß die zweite Ehe enden wird wie die erste. Also planen Sie das Ende der zweiten Ehe schon von Beginn an. Sie wollen eine bessere Ehe haben. Aber wie kann eine Ehe halten, wenn Sie bereits ihr Scheitern einplanen?

Es gibt allerdings einen Unterschied zwischen der ersten und der zweiten Ehe: Die erste endet nach ein paar Tagen unangenehmer Diskussionen über die Scheidungsfolgen; die zweite ist von Anfang an mit diesen unangenehmen Diskussionen belastet. Geld ist ein Problem am Ende der ersten Ehe. In der zweiten Ehe ist es oft ein Problem vom Anfang bis zum Ende, weil Sie Ihre Unschuld verloren haben.

Die Wahl des zweiten Partners

Die meisten Menschen lernen aus ihren Erfahrungen und sind bei der Wahl des zweiten Partners vorsichtiger. Wir sind gereift, wir kennen uns selbst besser (das glauben wir zumindest), und wir suchen jemanden, der wirklich zu uns paßt. Doch die Erfahrungen aus der ersten Ehe und der nachfolgenden Scheidung beeinflussen unsere Wahl auf vielfältige Weise.

Meist halten wir nach einem Menschen Ausschau, der ganz anders ist als der erste Partner. Wenn der erste Partner beispielsweise sparsam war, suchen wir einen zweiten, der nicht knausert. War der erste faul, muß der zweite arbeitssüchtig sein. Das Problem ist, daß Beziehungen komplementärer Natur sind: Wenn der eine gerne Geld ausgibt, muß der andere sparsam sein, und wenn der eine von seiner Arbeit besessen ist, muß der andere ein Faultier sein. Vielleicht stellen Sie eines Tages fest, daß Sie nicht mehr mit einem Geizhals verheiratet sind – Sie selbst sind zum Geizhals geworden. Sie sind auch nicht mehr mit einem Faulpelz verheiratet; denn Sie sind der Faulpelz geworden.

Eine Ehe kann zum Schauplatz ständiger Kämpfe werden.

Beide Partner versuchen unablässig, den anderen zu ändern, damit er ihnen selbst ähnlich wird. Also versuchen Sie, den freigiebigen Partner, den Sie so sorgfältig ausgewählt haben, zu dem Geizkragen zu machen, der Sie inzwischen geworden sind.

Noch komplizierter wird die Situation dadurch, daß in der ersten Ehe jeder Partner denkt, der andere habe es besser. Er fragt beispielsweise: «Welchen Film wollen wir uns ansehen?» oder «In welches Restaurant sollen wir gehen?», und sie antwortet: «Ich weiß nicht. Mach du einen Vorschlag.» Da sie nicht entscheiden will, muß immer er entscheiden, und darum meint er, sie habe es leichter, und versucht, die Rollen zu tauschen. Sie glaubt dagegen, er habe es besser, und bemüht sich ebenfalls um einen Rollentausch.

In der zweiten Ehe beeilt sich jeder Partner, die Rolle zu übernehmen, die er in der ersten Ehe nicht gespielt hat. Das ist die Chance der Frau, die früher immer sagte: «Ich weiß nicht. Mach du einen Vorschlag.»

Doch bald tritt eine Unzufriedenheit mit den neuen Rollen ein. Der Mann, der die Entscheidungen jetzt seiner Frau überläßt, hat keine Lust mehr, in schlechten Restaurants zu essen und schlechte Filme zu sehen. Er spürt eine gewisse Sehnsucht nach seiner ersten Frau, die alle Entscheidungen ihm überließ. Auch die zweite Ehe kann also ein Kampf sein, den die Partner ausfechten, um ihre Rollen zu tauschen.

Was bringen wir in die zweite Ehe mit?

Was geschieht mit unseren Hypotheken, Schulden, Steuern und Renten, was wird aus unseren Kindern, wenn wir eine zweite Ehe eingehen? Eine neue Ehe ist ein neues Unternehmen. Wir haben finanzielle Verpflichtungen aus der ersten Ehe zu tragen und wollen ein gewisses Maß an finanzieller Unabhängigkeit erreichen, weil wir jetzt wissen, daß auch die zweite Ehe scheitern kann.

Während der ersten Ehe haben wir gemeinsame Ziele, die Kinder gehören beiden Partnern, Grundstücke gehören ihnen zur Hälfte, und das Geld wandert in einen Topf. Eheleute sagen «wir» und «unser», und beide sind Teil einer Kernfamilie, die aus Eltern und Kindern besteht. Selbst wenn ein Paar sich bemüht, diese Verhältnisse auf die zweite Ehe zu übertragen, gelingt es nur selten.

In der zweiten Ehe besteht die Familie aus Eltern und Kindern, den Kindern aus früheren Ehen und den ehemaligen Partnern. Und neben den Zielen der neuen Ehe gibt es noch die mitgebrachten Ziele aus der vorigen.

Wir schwanken oft zwischen unseren Verpflichtungen gegenüber Kindern aus der ersten Ehe und gegenüber dem neuen Partner. Manchmal lassen wir den neuen Partner nicht einmal mitreden, wenn es um unser Geld oder um unsere Kinder geht. Anders liegt der Fall nur, wenn keine Kinder aus der ersten Ehe vorhanden sind; dann gilt unsere Hauptsorge der zweiten Ehe.

Ehescheidung und zweite Ehe sind ziemlich neue Einrichtungen. Früher waren neue Ehen nur möglich, wenn ein Ehegatte starb, und die damit verbundenen Probleme waren ganz anderer Natur als die Probleme geschiedener Partner. Bisher gibt es nur wenige Bräuche, Regeln und Rituale, die uns helfen, mit der Scheidung und der neuen Ehe besser umzugehen. Darum sind wir verwirrt und wissen nicht, was wir tun sollen.

Einerlei, wie arm oder reich ein Mensch ist, die seelischen Bindungen an die erste Ehe oder die Kinder, das Geschäft und das Vermögen dieser Ehe sind für die zweite Ehe eine finanzielle und eine seelische Belastung.

Wir sind meist ziemlich unschuldig, wenn wir zum erstenmal heiraten. Wir haben wenig Vermögen und sind bereit, alles zu teilen. Aber wir lernen aus unseren Erfahrungen und zögern, unseren materiellen Besitz auch mit dem zweiten Partner zu teilen. Wir wissen inzwischen, daß diese Besitztümer seelischen Kummer lindern können. Wenn wir zu langsam lernen, zögern unsere Eltern und die Kinder aus der ersten Ehe nicht, uns vor den bösen Folgen einer neuen Enttäuschung zu warnen. Gleichzeitig erinnert der neue Partner uns daran, daß wir das unglückliche Opfer unserer ersten Ehe waren. Was tun?

Eheverträge

Wenn es um Geschäfte geht, ist oft einer der Vertragspartner der Geldgeber, während der andere das Know-how mitbringt oder sich zu einer Arbeit verpflichtet. War das Geschäft gut, hat der Partner mit den Know-how nach einer gewissen Zeit Geld verdient, und der Geldgeber verfügt über Know-how. Jeder Partner hat also von der Zusammenarbeit profitiert. Hat der Partner mit dem Know-how dagegen nach einiger Zeit kein Geld verdient, war das Geschäft für ihn unbefriedigend.

Auch in einer Ehe erwarten beide Partner, bereichert zu werden. Darum ist es problematisch, wenn die Logik gebietet, vor der Heirat einen Ehevertrag zu schließen. Einer der Partner oder beide sind geschieden und wissen, wie wichtig es ist, vor der Ehe klare finanzielle Abmachungen zu treffen – denn auch die zweite Ehe kann scheitern. Ein Ehevertrag soll jedoch die Bereicherung eines Partners verhindern. Zwar werden solche Verträge nur selten abgeschlossen, aber die Probleme, die sie offen ansprechen, existieren in ungeschriebener und unausgesprochener Form in vielen zweiten Ehen.

In der Regel werden Eheverträge geschlossen, wenn ein Partner mehr Geld hat als der andere. Sie sollen also – im Gegensatz zu geschäftlichen Vereinbarungen – *verhindern,* daß der weniger bemittelte Partner von der Ehe finanziell profitiert. Während der Ehe genießt der ärmere Partner zwar einen höheren Lebensstandard, aber damit ist Schluß, wenn die Ehe geschieden wird.

Dennoch müssen Eheverträge nicht nachteilig sein. Es kommt darauf an, wer sie schließt. Manchmal ist Mißtrauen das Motiv für die Abmachung, aber später lernen die Partner, einander zu vertrauen und werden großzügiger – vielleicht gerade deshalb, weil es den Ehevertrag gibt.

Linda konsultierte mich wegen eines vorehelichen Problems, wie sie es nannte. Ihre erste Ehe war gescheitert, sie hatte einen kleinen Sohn und wollte nun einen reichen Mann heiraten.

«Unsere Beziehung ist sehr gut», sagte sie, «und darum war ich betroffen, als er von mir verlangte, vor der Heirat einen Ehevertrag zu schließen. Ich vermute, das hat etwas damit zu tun, daß er schon zweimal verheiratet war und beträchtliche Alimente zahlen muß. Aber warum will er mich heiraten, wenn er mir nicht vertraut? Und warum sollte ich ihn heiraten und ein Schriftstück unterschreiben, in dem steht, daß ich nie etwas haben werde? So kann man doch keine Ehe beginnen!»

«Wollen Sie meine Meinung hören?» fragte ich. Linda hatte so nachdrücklich gesprochen, daß ich mich fragte, ob sie wirklich einen Rat von mir haben wollte.

«Natürlich will ich Ihre Meinung hören», sagte sie.

«Ihr Verlobter möchte wahrscheinlich, daß Sie zu einem Anwalt gehen und dort den Ehevertrag unterzeichnen», fuhr ich fort.

«Stimmt», sagte sie.

«Ich finde, Sie sollten das tun. Der Anwalt wird Sie bitten, den Vertrag durchzulesen, und hinzufügen, er werde Ihnen anschließend die Einzelheiten erklären. Daraufhin sagen Sie: ‹Das ist nicht nötig. Wenn mein Verlobter, der Mann, den ich liebe, will, daß ich das unterschreibe, dann brauche ich es nicht zu lesen, weil ich ihm vollständig vertraue.›»

«Warum sollte ich das tun?» fragte sie. «Was habe ich davon?»

«Wenn Sie nicht unterschreiben», erklärte ich, «wird er dennoch dafür sorgen, daß Sie nichts bekommen. Wenn Sie aber unterschreiben, ohne den Vertrag zu lesen, wird er von Ihrer Liebe überwältigt sein, und ich wette, er wird sich dafür revanchieren.»

Linda befolgte meinen Rat, und ein paar Tage später kaufte ihr Verlobter ein wertvolles Grundstück und überschrieb es ihrem Sohn. Als ich Linda riet, den Vertrag blind zu unterschreiben, hatte das nichts mit Unterwürfigkeit zu tun. Ich wußte, daß sie auf diese Weise den größten finanziellen Gewinn erzielen würde.

Geld und Gefühle bei der Scheidung und in der zweiten Ehe

In der ersten Ehe geht es weniger um Geld als um Bedürfnisse, und junge Paare streiten mehr über Dinge und über ihre Lebensweise als über Geld. Eine Scheidung und eine neue Ehe haben dagegen viel mit Geld zu tun. Während der ersten Ehe unterhalten die Partner sich ständig darüber, wie sie mehr Geld verdienen können. In der zweiten Ehe drehen die Gespräche sich um die Frage, wem das Geld gehört und wie es ausgegeben werden soll.

Maria und Robert zankten schon vor der Heirat um Geld. Marias erster Ehemann war während einer Operation durch einen ärztlichen Kunstfehler gestorben. Sie hatte den Arzt verklagt und eine Million Dollar bekommen, die sie auf den Namen ihrer beiden Kinder angelegt hatte. Außerdem kaufte sie ein schönes Haus, arbeitete aber weiter als Gerichtsdolmetscherin. Robert war ein Kollege.

Er war geschieden und hatte drei Kinder aus der ersten Ehe. Mit seinem knappen Jahreseinkommen von vierzigtausend DM kam er nur mühsam über die Runden. Er zahlte Unterhalt für die Kinder, und da er ihnen sehr nahestand, versuchte er immer, ihnen zu helfen. Er lebte bei seinen Eltern, weil er sich keine eigene Wohnung leisten konnte.

Maria und Robert verliebten sich ineinander. Sie waren seit drei Jahren befreundet, als sie mich konsultierten. Das Geld war für sie von Anfang an ein Streitthema gewesen. Maria war der Meinung, Robert solle erfolgreicher sein als sie und mehr verdienen.

«Ich fürchte um meine Liebe, wenn er nicht stärker ist als ich», sagte sie und sah Robert aus den Augenwinkeln kokett an. «Ich stehe nun mal auf starke Männer.»

Als ich mir das Paar näher ansah, hatte ich den Eindruck, daß sie sich gut verstanden und daß ihre Beziehung solide war. Ich hoffte, daß ich ihnen helfen konnte, zusammenzubleiben.

«Was soll ich denn tun?» fragte Robert und hob beide Arme. «Ich mag meine Arbeit, und ich bin gut. Ich übernehme jede Nebentätigkeit, die ich kriege! Maria weiß, daß Übersetzer nicht viel verdienen. Wenn ich zu ihr sage: ‹Komm, wir gründen zusammen eine Firma›, behauptet sie, ich sei nur hinter ihrem Geld her. Sie will nicht, daß ich mit ihr lebe, und sie will mich nicht heiraten.»

«Wir können nicht heiraten, bevor wir das Geldproblem gelöst haben», entgegnete sie. «Er ist jeden Monat abgebrannt, bevor er sein Gehalt bekommt, und dann bittet er mich um Geld fürs Essen oder für Fahrtkosten. Er kann es sich einfach nicht einteilen.»

«Die Kinder haben immer wieder unerwartete Wünsche», erklärte er. «Darum geht mir das Geld aus. Warum kann sie mir nicht ein paar Dollar geben, ohne soviel Wirbel zu machen? Sie hat so viel Geld, daß es überhaupt nicht darauf ankommt.»

Maria nahm jährlich etwa rund einhundertzwanzigtausend Mark allein an Zinsen ein, während Robert nur vierzigtausend Mark verdiente. Solche Diskrepanzen kommen bei Paaren, die zum zweitenmal heiraten wollen, häufig vor. Wieviel Geld sollen sie für die Kinder beiseite legen? Wieviel sollen sie zusammenlegen? Was ist fair?

Die meisten Paare lösen das Problem mit drei Konten: «meines», «deines» und «unseres». Beide Partner haben ein eigenes Konto für sich und ihre Kinder, und beide zweigen eine bestimmte Summe für ein gemeinsames Konto ab, mit dem sie ihren Lebensunterhalt decken. Aber wieviel soll jeder Partner einzahlen? Die Antwort ist nicht einfach, wenn die Partner ein unterschiedliches Einkommen haben.

Am besten ist es, wenn jeder einen bestimmten Prozentsatz seines Einkommens abführt, nicht einen bestimmten Betrag. Genau das schlug ich den beiden vor.

«Da Sie zusammenarbeiten und auch in Ihrer Freizeit meist zusammen sind», erläuterte ich, «können Sie Geld in einen gemeinsamen Topf einzahlen und damit Ausgaben für das Essen oder Fahrtkosten bestreiten. Sie können vereinbaren, daß Sie jeweils fünf Prozent Ihres Jahreseinkommens zusammenlegen und daß jeder berechtigt ist, monatlich die Hälfte des Geldes in diesem Gemeinschaftstopf für den Lebensunterhalt zu verwenden. Robert zahlt dann zweitausendfünfhundert Mark im Jahr ein und Maria siebentausend Mark, und beide dürfen jährlich viertausendsiebenhundertundfünfzig Mark entnehmen.» Dann nahm ich einen möglichen Einwand Marias vorweg und fügte hinzu: «Es stimmt, Maria, daß Sie Robert damit ein wenig unter die Arme greifen. Aber ich glaube, das ist fair, weil Sie viel mehr verdienen als er. Betrachten Sie es als Versuch, und warten Sie das Ergebnis ab.»

Ein weiteres Problem war der Lebensstil. «Sie werden entscheiden müssen», sagte ich zu Maria, «ob Sie Robert den Lebensstil ermöglichen wollen, an den Sie gewöhnt sind, oder ob Sie sich seinem Lebensstil anpassen wollen oder ob Sie sich mit ihm in der Mitte treffen. Ich würde Ihnen das letztere vorschlagen.»

Außerdem empfahl ich Maria, andere Stärken in Robert zu suchen, nicht nur seine Fähigkeit, Geld zu verdienen. In dieser Hinsicht war sie ihm zu weit voraus – jedoch nicht, weil sie ihm überlegen war, sondern dank eines Schicksalsschlages. Es war nicht fair, wenn sie von Robert verlangte, so viel zu verdienen, wie sie dank eines erfolgreichen Prozesses verdiente. Mein Rat gefiel den beiden, aber sie suchten mich noch öfter auf, und zwar jedesmal dann, wenn Maria das Gefühl hatte, daß Robert sie ausnutze. Mit meiner Unterstützung war Maria schließlich imstande, Robert als einen überaus fürsorglichen Vater zu bewundern.

So machen Sie das Beste aus einer schlechten Situation

Wir können einiges tun, um glücklich zu werden. Aber zuerst wollen wir uns etwas eingehender mit der Scheidung befassen.

Akzeptieren Sie Ihren Verlust

Bei einer Scheidung sind beide Partner die Verlierer. Damit müssen Sie sich abfinden, und zwar von Anfang an. Dann können Sie versuchen, etwas zu verlieren, was Sie verschmerzen können, nicht das, was Ihnen am wichtigsten ist. Vielleicht verlieren Sie Geld, aber nicht die Kinder, oder Sie verlieren das Haus, aber nicht Ihre Ersparnisse. Sie müssen schwierige Entscheidungen treffen, und es ist am besten, wenn Sie nicht versuchen zu gewinnen, sondern sich überlegen, worauf Sie am ehesten verzichten können.

Überlegen wir einmal, wie Sie aus einer schlechten Situation das Beste machen können.

Seien Sie darauf vorbereitet, zu geben

Rechnen Sie von Anfang an damit, daß Sie etwas verlieren, aber auch damit, daß Sie etwas geben müssen. Überlegen Sie so früh wie möglich, was Sie zu opfern bereit sind, und warten Sie nicht ab, was der Partner Ihnen wegnimmt. Das ist besonders wichtig, wenn Sie Kinder haben. In diesem Fall müssen Sie eine Menge geben, und Sie werden nie imstande sein, sich von Ihrem Expartner vollständig zu lösen. Die Kinder sorgen dafür, daß die Beziehung weiterbesteht, und wenn es Ihrem Expartner schlechtgeht, geht es auch Ihren Kindern schlecht.

Helfen Sie dem anderen, nicht das Gesicht zu verlieren

Das Verhandlungsklima kann nicht gut sein, wenn ein Partner sich gedemütigt fühlt. Sie müssen dazu beitragen, daß Ihr Expartner nicht das Gesicht verliert. Andernfalls reagiert er wütend, und Sie verlieren letztlich mehr, als Sie erwartet haben. Das gilt erst recht dann, wenn Sie Kinder haben. Wenn der andere sein Gesicht verliert, leiden auch die Kinder darunter.

Bleiben Sie Eltern und Freunde

Wenn Sie Kinder haben, besteht zwischen Ihnen und dem Expartner immer eine Beziehung. Versuchen Sie, daraus das Beste zu machen, nicht nur, um den Kindern nicht weh zu tun, sondern auch, um sich selbst das Leben zu erleichtern. Es ist unangenehm, ständig Kontakt mit einem Menschen zu haben, den Sie hassen.

Tun Sie nicht Ihren Kindern weh, um Ihren Expartner zu bestrafen

Damit bestrafen Sie sich selbst. Manche Eltern machen die Kinder zu Versagern, um sich am Expartner zu rächen. Damit wollen sie sagen: «Wenn du uns nicht verlassen hättest, wäre John in der Schule besser.» Denken Sie daran, daß Ihre Kinder mehr Liebe und Zuwendung verdienen als Ihr Expartner.

Ein neuer Anfang: die zweite Ehe

Die Scheidung ist eine Brücke zu einer zweiten Ehe. Wenn Sie die Probleme der Scheidung bewältigen, verringern Sie die Last, die Sie tragen müssen, und verbessern die Chancen der neuen Ehe. Die folgenden Ratschläge sind speziell auf die zweite Ehe zugeschnitten.

Klagen Sie nicht über unerfüllte Träume

Wenn Sie eine zweite Ehe eingehen, haben Sie einen Traum: Endlich werden Sie mit einem Menschen zusammenleben, der Sie wirklich liebt, Sex wird wundervoll sein, Sie werden herrliche Reisen unternehmen und so weiter. Leider ist niemand vollkommen, und es ist unwahrscheinlich, daß die Ehe frei von Problemen und Konflikten sein wird. Beklagen Sie sich nicht darüber. Werfen Sie dem neuen Partner nicht vor, er sei nicht so liebevoll, wie Sie gehofft hätten. Beschweren Sie sich nicht darüber, daß Sie überhaupt keinen Sex mehr haben oder nirgends mehr hinkommen.

Finden Sie sich mit unerfüllten Träumen ab

Es ist unwahrscheinlich, daß Ihr Traum wahr wird. Wenn Sie darüber enttäuscht sind, ändern Sie Ihren Traum. Vielleicht ist die Frau, die Sie geheiratet haben, nicht so zärtlich, wie Sie dachten. Dann träumen Sie davon, daß sie eine hervorragende Köchin ist. Haben Sie gehofft, jede freie Minute mit Ihrem Mann zu verbringen? Dann träumen Sie jetzt davon, wie herrlich es ist, einen Partner zu haben, der unermüdlich arbeitet. Versuchen Sie, Ihren Traum mit der Wirklichkeit in Einklang zu bringen.

Gehen Sie die zweite Ehe nicht mit dem Hintergedanken an Scheidung ein

Wenn Sie die zweite Ehe mit einem Plan beginnen, der verhindern soll, daß Sie im Falle einer erneuten Scheidung etwas verlieren, bereiten Sie der Scheidung den Boden. Versuchen Sie, sich Ihre Unschuld zu bewahren, und gehen Sie davon aus, daß die zweite Ehe ewig hält.

Wenn Sie einen Ehevertrag schließen wollen, vergessen Sie nicht das Geschenk

Manchmal ist die Situation wegen der Kinder aus früheren Ehen und anderer Verpflichtungen so kompliziert, daß ein Ehevertrag notwendig ist. Dann müssen Sie sich mit den Tatsachen abfinden: Solche Verträge sollen in erster Linie verhindern, daß ein Ehepartner von der Ehe materiell profitiert. Das ist kein guter Anfang. Wenn der Ehevertrag notwendig ist, muß er ein Geschenk enthalten, damit der Partner sich nicht enterbt oder abgelehnt fühlt, bevor die Ehe begonnen hat.

Wählen Sie den Partner sorgfältig aus, und versuchen Sie nicht, ihn zu ändern

Behalten Sie zwei Probleme im Auge: Erstens sind Sie derselbe Mensch geblieben, und darum wird ihr zweiter Partner dem ersten allmählich ähnlicher werden. Zweitens übernehmen Sie in der zweiten Ehe wahrscheinlich die Rolle, die Ihr Partner in der ersten Ehe gespielt hat. In diesem Fall entwickelt Ihr zweiter Partner alle negativen Merkmale, die Sie in der ersten Ehe an sich hatten. Wählen Sie also sorgfältig, damit Sie nicht zum zweitenmal denselben Menschen heiraten – oder einen Menschen, der genau ist wie Sie. Andernfalls versuchen Sie wieder, Ihren Partner zu ändern, und das kostet zuviel Zeit und Energie und ist letztlich fruchtlos.

Seien Sie fair

Stellen Sie einen gemeinsamen Topf auf, und einigen Sie sich darüber, wer in diesen Topf wieviel einzahlt. Einerlei, ob Sie sich für einen festen Betrag oder für einen prozentualen Anteil am Einkommen entscheiden, berücksichtigen Sie auf jeden Fall die persönliche Situation: Arbeit, familiäre Verpflichtungen, Kinder aus früheren Ehen.

Wir alle hoffen auf eine wundervolle erste und zweite Ehe. Wenn Ihre Ehe unter einem der Probleme leidet, die ich zu Beginn dieses Kapitels beschrieben habe, können Sie von den daran anschließenden Ratschlägen profitieren. Wenn Sie vorhaben, zum zweitenmal zu heiraten, können diese Empfehlungen Ihnen zu einem guten Neubeginn verhelfen.

In diesem Kapitel haben wir uns mit einigen Problemen der zweiten Ehe befaßt. Nun wenden wir uns der Frage zu, welche geheime Bedeutung das Geld in verschiedenen familiären Situationen hat, bei reichen wie bei armen Menschen. Im nächsten Kapitel geht es um Probleme, die Armut mit sich bringt.

Kapitel 7

Wenn die Eltern arm sind

Wenn ein Elternteil arbeitslos wird und die Familie verarmt, leiden die Mitglieder der Familie auf verschiedene Weise darunter. Am schlimmsten sind oft nicht die Entbehrungen als natürliche Folge der Armut, sondern die Reaktionen der Eltern: Viele lassen ihre Enttäuschung an den Kinder aus oder mißhandeln sie sogar. Doch selbst Mißhandlungen sind für Kinder bisweilen nicht so schlimm wie der Schmerz, die Eltern leiden zu sehen und ihnen nicht helfen zu können.

In solchen Zeiten müssen alle Mitglieder der Familie helfen. Da es bei uns jedoch als falsch gilt, wenn Eltern sich von ihren Kindern helfen lassen, haben Kinder auch nur wenig Möglichkeiten zu helfen. Und selbst wenn sie es tun, verhalten die Eltern sich oft so, als sei nichts gewesen, und bedanken sich nicht einmal. Wie können wir unseren Kindern zeigen, daß wir ihre Hilfe zu schätzen wissen?

Wenn Kinder den Eltern helfen

Die Eltern der sechzehnjährigen Jennifer suchten mich auf, weil sie mit dem Mädchen angeblich nicht mehr fertig wurden. Sie ging zu oft aus, hatte Freunde, die den Eltern mißfielen, half nicht im Haushalt und unterstützte die Mutter nicht, die an Multipler Sklerose litt.

Jennifer war die Adoptivtochter der Mutter und ihres ersten Mannes, der geschieden gewesen war. Der Adoptivvater war vor kurzem gestorben, und die Mutter hatte wieder geheiratet. Der

Stiefvater war seit einem Jahr arbeitslos, und die Familie hatte große finanzielle Schwierigkeiten. Die Mutter kam zuerst allein in meine Praxis und berichtete, die Familie könne sich nur dank Jennifers Waisenrente über Wasser halten.

Anfangs weigerte Jennifer sich, mich zu besuchen. Sie hatte drei Jobs, ging zur Schule und hatte keine Zeit für die Therapie. Als sie schließlich doch kam, unterhielt ich mich allein mit ihr. Sie war der Typ eines trotzigen, rebellischen Heranwachsenden.

Um ihr zu zeigen, daß ich ihren Standpunkt hören wollte, fragte ich sie: «Gibt es etwas in deiner Familie, was dir Sorgen macht und was du gerne ändern würdest?»

«Wenn Sie mit meiner Familie reden wollen, hole ich sie. Wenn Sie mit den Leuten im Wartezimmer reden wollen, dann rufen Sie sie rein», erwiderte sie schnippisch.

«Was meinst du damit?» fragte ich.

«Die sind nicht meine Familie», antwortete sie herablassend.

«Wer ist denn deine Familie?» erkundigte ich mich.

«Meine Freunde», antwortete sie und ließ das Wort auf der Zunge zergehen.

Es ist normal, daß Teenager an ihren Freunden hängen; aber Jennifers ablehnende Haltung gegenüber ihren Eltern kam mir übertrieben vor.

Sie sprach wütend und weinte dabei, und langsam wurde mir klar, daß sie so hart arbeitete, weil die Familie kein Geld hatte. Alles, was sie ausgab, verdiente sie selbst.

«Bekommst du von deinen Eltern Taschengeld?» fragte ich.

«Sie haben doch kein Geld», erwiderte sie ungeduldig, als sei das offensichtlich.

«Und darum arbeitest du ...?» begann ich.

«Darum ... habe ... ich ... drei ... Jobs», unterbrach Jennifer mich unwillig. «Weil ... sie ... gar ... kein ... Geld ... haben. Das muß ich tun, um zu überleben.»

Jennifer hielt sich für eine Waise. Sie war allein in der Welt, und niemand kümmerte sich um sie. In Wirklichkeit hatte sie nicht nur Eltern, sondern sie unterstützte sie sogar.

Gespräche über Geld

Ich bat die Eltern ins Zimmer. Die Mutter, klein und zerbrechlich, machte einen zerstreuten, hilflosen Eindruck. Der grobe, wütende Vater sah größer aus, als er war. Ich sagte: «Ich würde gerne einige Probleme lösen, die mit Geld zu tun haben, oder wenigstens darüber sprechen.»

«Wovon reden Sie?» schnauzte der Stiefvater.

«Ich weiß, daß Sie sehr wenig Geld haben», erklärte ich. «Und daß Jennifer kein Taschengeld bekommt. Im Gegenteil – sie arbeitet hart, und das ist sehr lobenswert. Sie ist sehr verantwortungsbewußt. Ich finde, wir sollten nach einer Möglichkeit suchen, wie sie regelmäßig Geld bekommen kann, ohne auf ihre drei Jobs angewiesen zu sein und daneben noch zur Schule zu gehen.»

In Wahrheit wollte ich mit den Eltern darüber reden, was sie mit der Waisenrente ihrer Tochter machten. Das war ein heikles Thema, weil die Mutter mir davon in Abwesenheit ihres Mannes erzählt hatte. Ich wollte nicht, daß er auf seine Frau zornig wurde.

Der Stiefvater wandte sich an Jennifer. «Willst du ihr sagen, wofür du Taschengeld bekommst?»

«Fürs Abspülen und Putzen in der Küche», sagte sie.

«Willst du ihr nicht auch sagen, wie oft du das tust?» fragte er.

«Ich bin nicht zu Hause», sagte sie. «Ich esse nicht zu Hause, ich mache gar nichts zu Hause. Darum kann ich auch nichts im Haushalt tun. Außerdem hat Mama mir gesagt, daß du mir sowieso kein Taschengeld geben kannst.»

«Warum soll ich jemandem Geld geben, der nie da ist?» fragte der Stiefvater mich. Dann drehte er sich wieder zu Jennifer um: «Sag mir, ob ich recht habe oder nicht. Du bist nie da, du tust nichts, du hilfst nicht im Haus.»

Ich antwortete ihm. «Meiner Meinung nach ist es sehr wichtig, die Mittel der Familie gerecht zu verteilen und herauszufinden, was derzeit damit geschieht.»

Die Mutter sagte: «Zur Zeit kann von Fairneß nicht die Rede sein.»

«Das sehe ich auch so», sagte ich. Dann fragte ich die Eltern, ob sie Jennifers Waisenrente einbehielten.

Der Stiefvater sagte: «Wenn wir ihr dieses Geld geben würden, müßte ich sofort hingehen und Bankrott anmelden.»

«Das ist mir klar», sagte ich.

«Ich scherze nicht», versicherte er.

«Das weiß ich», sagte Jennifer, der das Thema offenbar unangenehm war.

Der Stiefvater wandte sich Jennifer zu und schrie: «Ich weiß nicht, wer zum Teufel damit angefangen hat!» Er war zornig auf das Mädchen. «Hast du ihr das gesagt?» fragte er.

«Ich habe ihr nur gesagt, daß wir kein Geld haben», antwortet sie.

«Ich habe damit angefangen», sagte ich. «Jennifer bekommt dieses Geld nämlich, weil ihr Vater gestorben ist, und es ist ihr Geld.»

«Hm-hmmm», sagte der Stiefvater.

«Vielleicht sollte sie das ganze Geld bekommen und Ihnen Miete zahlen oder sich am Haushaltsgeld beteiligen», regte ich an.

«Warum bringen Sie das auf den Tisch?» fragte er.

«Wenn Sie erlauben, möchte ich ganz offen sein», entgegnete ich. «Sie haben mir gesagt, daß Sie ohne Jennifers Rente bankrott wären.»

«Das ist eine Tatsache», sagte er.

«Ich mache mir Sorgen ...» begann ich, aber der Stiefvater unterbrach mich.

«Ist es das, was du willst?» fragte er Jennifer wütend.

«Nein, damit will ich nichts zu tun haben», antwortete Jennifer.

Ich wedelte mit der Hand vor dem Gesicht des Stiefvaters, um seine Aufmerksamkeit zu erringen. Dann zeigte ich auf mich selbst und sagte: «*Ich* mache mir Sorgen. Lassen wir sie aus dem Spiel.»

Unterstützung für die Familie

Geld ... Wer gibt es wem, wer benutzt es, um wen zu beschützen, und wer will nicht darüber reden? Das ist schwer zu sagen, wenn die Familie nicht kooperativ ist. An diesem Punkt war mir klar, daß Jennifers unerledigte Hausarbeit nicht das Problem war. Das Problem war, daß die Eltern so taten, als sei Jennifer ein typischer aufsässiger Teenager, während sie in Wirklichkeit die Familie unterstützte wie eine Erwachsene. Alle drei Familienmitglieder machten einander etwas vor.

Die kranke, schwache Mutter wollte sowohl von ihrem Mann als auch von Jennifer beschützt werden. Gemeinsam mit ihrem Mann behielt sie Jennifers Rente ein und täuschte vor, das sei gar nicht so, und wenn, dann sei es ganz normal.

Der Stiefvater gab vor, Jennifer Disziplin beibringen zu wollen, um die Tatsache zu verbergen, daß er ihr Geld behielt. Indem er mit Bankrott drohte, brachte er seine Frau und seine Tochter zum Schweigen. Auch die Drohung, seine Frau zu verlassen, gehörte zu seiner Taktik. Er war stark und immer noch jung, während sie vorzeitig gealtert und krank war. Der Stiefvater tat so, als könne er während der Rezession unmöglich eine neue Stellung finden. Das war jedoch nur ein Vorwand.

Jennifer liebte ihre Mutter und wollte sie beschützen, darum mußte sie bei ihr bleiben. Um das zu erreichen, täuschte sie vor, kindisch zu sein und selbst Schutz zu brauchen. Sie ließ sich auf Diskussionen über Arbeiten im Haushalt und Taschengeld ein, was absurd war, weil sie als einzige arbeitete und Geld mit nach Hause brachte. Außerdem tat sie so, als merke sie nicht, daß ihre Mutter und ihr Stiefvater ihr Geld ausgaben. Um die Regel einzuhalten, die der Stiefvater aufgestellt hatte – daß über Geld nicht gesprochen werden durfte –, mußte sie still sein und sich vor den Eltern zurückziehen. Also spielte sie den rebellischen Teenager, um Gesprächen aller Art aus dem Weg zu gehen. So kam das Thema Geld nie zur Sprache.

Mit all diesen Täuschungsmanövern kann eine Familie Außenstehenden ein völlig falsches Bild vermitteln. Oberflächlich betrachtet war der Vater stark und kompetent. Die Mutter war krank, aber liebevoll. Und Jennifer war ein aufsässiger Teenager, der unbedingt wie Madonna aussehen wollte.

Geld und Hierarchie

Wenn ich es mit rebellischen Heranwachsenden zu tun habe, versuche ich in der Regel, die Autorität der Eltern wiederherzustellen. Eltern sollen ihre Kinder beschützen und führen, bis sie erwachsen sind, und dafür brauchen die Eltern Autorität. Die Gesellschaft macht die Eltern für ihre heranwachsenden Kinder verantwortlich, und darum besteht in jeder Familie eine Hierarchie, und die Eltern haben mehr Macht als die Kinder.

Manche Jugendliche jagen ihren Eltern jedoch so viel Schrekken ein, daß sich in der Familie eine doppelte Hierarchie entwikkelt. Einerseits sind die Eltern in einer stärkeren Position, weil sie nach dem Gesetz für das Kind verantwortlich sind; andererseits unterdrückt der Jugendliche die Eltern, indem er sie mit Drohungen oder extremem Verhalten in Furcht versetzt. Als Therapeutin ist es meine Aufgabe, den Eltern zu zeigen, wie sie die Situation wieder in den Griff bekommen. Ich helfe ihnen, Regeln aufzustellen und Strafen festzusetzen, wenn der Heranwachsende sich nicht an die Regeln hält, und ich helfe ihnen, auf diesen Regeln und den Strafen auch dann zu beharren, wenn der Jugendliche sie zu brechen versucht.

In Jennifers Fall konnte ich keine traditionelle Hierarchie aufbauen. Es ging hier nicht darum, den Eltern wieder Autorität über Jennifer zu verschaffen, damit sie für ein Taschengeld im Haushalt half und ihren fürsorglichen Eltern dankbar war. Die Realität war anders: Jennifer arbeitete hart und unterstützte die Familie; die Eltern arbeiteten nicht und verdienten kein Geld. Hätte ich so getan, als müßten die Eltern ihre Autorität wiedergewinnen, hätte ich ihre Täuschungsmanöver unterstützt und gemeinsam mit ihnen vertuscht, woher sie ihr Geld hatten. Lügen und Täuschungen führen nicht zu einem guten Familienleben.

Ich konnte die Familie jedoch dazu ermuntern, alle Karten auf den Tisch zu legen und offen darüber zu reden, was mit Jennifers Geld geschah und wie hart sie arbeitete. Die Eltern mußten zugeben, daß es abwegig war, von Jennifer Mithilfe im Haushalt zu verlangen, da sie drei Jobs hatte, der Vater und die Mutter jedoch überhaupt nicht arbeiteten. Ebenso absurd war es, zu leugnen, daß Jennifers «Taschengeld» von ihrem eigenen Geld stammte.

Ich konnte nichts daran ändern, daß Jennifers Vater gestorben war, daß die Eltern ihre Erbschaft verbraucht hatten und daß sie arbeiten mußte. Ich konnte aber die Eltern dazu bringen, diese Tatsachen offen anzuerkennen und Jennifer für ihre Hilfe zu danken. Dann konnte Jennifer auf Täuschungen und auf ihr rebellisches Gehabe verzichten – beides paßte ohnehin nicht zu einem Mädchen, das so großzügig war und sich für andere aufopferte.

Mir war klar, daß Jennifer fürchtete, der Stiefvater werde die Mutter verlassen. Sie sorgte sich so sehr um die Mutter, daß sie bereit war, die Familie zu unterstützen, nur damit der Stiefvater blieb. Ich mußte also vorsichtig sein und durfte nichts tun, was die Ehe hätte gefährden können. Darum durfte ich von Jennifer nicht verlangen, das Thema Geld anzusprechen. Ich mußte so tun, als sei ich neugierig, mehr darüber zu erfahren. Außerdem mußte ich verhindern, daß die Eltern sich stritten oder das Gesicht verloren.

In diesem Szenario mußte ich mich also ebenfalls verstellen. Die Eltern hatten mich konsultiert, damit ich ihnen half, mit ihrer rebellischen Tochter fertig zu werden. Sie hatten mich nicht darum gebeten, die finanzielle Situation anzusprechen. Ich mußte so tun, als helfe ich ihnen, ihre Tochter zu verstehen und zu zügeln. In Wirklichkeit bemühte ich mich, Jennifer mehr Anerkennung zu verschaffen und ihre Lage zu Hause zu verbessern. Mir konnte der Vater nicht den Mund verbieten, also spielte ich die Unwissende und erkundigte mich nach der finanziellen Situation. Schließlich durfte ich davon ausgehen, daß er mit einer Therapeutin offen redete, auch über Geld.

Das Dollarzeichen

«Wo zum Teufel soll das alles hinführen?» fragte der Stiefvater. «Soll ich ihr ihre Rente geben und dann sagen: ‹Du schuldest mir eintausendfünfhundert Mark im Monat für Miete und Unterhalt›?»

Zum erstenmal hatte er einen bestimmten Geldbetrag erwähnt, und ich vermutete, daß Jennifers Waisenrente so hoch war.

«Ich möchte nur, daß wir darüber reden», sagte ich. «Ich muß wissen, woher das Geld kommt und wohin es geht und was Sie besser machen könnten.»

Jennifer unterbrach mich. «Sie müssen Rechnungen zahlen, damit wir das Haus behalten können. Darum bekommen sie das Geld, und darum arbeite ich», sagte sie nachdrücklich.

«Sie gibt Ihnen, was ihr zusteht», sagte ich zu den Eltern, «um Ihnen zu helfen. Und sie arbeitet und versorgt sich selbst. Sie ist ein unglaublich großzügiger Mensch.»

«Jenny», sagte die Mutter zärtlich und tätschelte ihrer Tochter die Hand.

«Ich glaube, sie macht sich wirklich Sorgen», fuhr ich fort. «Sie hat es mir nicht gesagt, aber mir scheint, sie macht sich wirklich Sorgen darüber, daß die Familie nicht genug Geld hat. Es gibt überhaupt keinen Grund, sie zu kritisieren. So sehe ich das.»

«Na schön», sagte der Stiefvater. «Sie hält uns mit ihrem Geld über Wasser, und darum sollen wir über alles andere hinwegsehen.» Sein Ton war ironisch.

«Nein», entgegnete ich, «das habe ich nicht gemeint. Ich meine, es wäre nicht fair, noch mehr von ihr zu verlangen und ihr zum Beispiel ein Taschengeld anzubieten, wenn sie öfter im Haushalt hilft. Sie können nicht zu ihr sagen: ‹Jennifer, du gibst mir nichts, also gebe ich dir auch nichts.› Sie gibt Ihnen nämlich eine Menge!»

«Was sollen wir Ihrer Meinung nach tun?» fragte der Vater unwirsch. «Was soll ich tun? Es ist ihr Geld. Soll ich es ihr geben?»

«Was sollten Sie Ihrer Meinung nach damit tun?» fragte ich. «Und wieviel ist es? Darüber müssen wir reden.»

«Es sind sechshundertzwanzig Mark fünfundfünfzig», sagte er. Er verschwieg mir zwei Tatsachen, die ich von Jennifers Mutter erfahren hatte. Erstens hatten die Eltern Jennifer einen Pauschalbetrag weggenommen, den sie als Erbin ihres Vaters bekommen hatte. Zweitens hatte das Sozialamt etliche Monate lang einen Fehler gemacht und eine zu hohe Rente überwiesen; darum zahlte es vorübergehend einen kleineren Betrag aus.

Geborgtes Geld

Nun mußte ich herausfinden, unter welchen Bedingungen die Eltern Jennifers Geld genommen hatten. Hatten sie es geborgt? Betrachteten sie es als Geschenk? Glaubten sie, das Geld gehöre rechtmäßig ihnen oder Jennifer sei verpflichtet, es ihnen zu geben? Ich wollte erreichen, daß die Eltern das Geld als Kredit ansahen, den ihre Tochter ihnen gab.

«Ich frage mich, wieviel von dem Geld für Jennifers Lebensunterhalt ausgegeben wird», sagte ich, «und welchen Teil wir als geborgtes Geld betrachten müssen.»

«Was meinen Sie damit?» fragte der Vater.

«Ich meine, Sie sollten einen Teil des Geldes als Darlehen betrachten, das Jennifer Ihnen gibt. Einen weiteren Teil braucht sie natürlich für ihren Lebensunterhalt.»

«Wenn es ein Darlehen ist», sagte der Stiefvater, «dann ist es nur recht und billig, daß ich ihr Zinsen dafür zahle.»

«Stimmt», sagte ich, angenehm überrascht. «Darüber können wir reden.»

«Aber sie brauchen das Geld, um Rechnungen zu bezahlen», sagte Jennifer besorgt. «Ich will es nicht.»

Ich beschloß, ein wenig Mitgefühl für den Stiefvater zu zeigen. «In guten Zeiten», sagte ich, «unterstützen die Eltern ihre Kinder. In harten Zeiten klappt das nicht immer. In diesem Fall haben Sie Glück, daß Jennifer in der Lage ist, Ihnen zu helfen, und ich finde, daß sie Dankbarkeit verdient hat.» Ich wußte, daß es dem Stiefvater schwerfallen würde, Dankbarkeit zu bekunden; darum milderte ich meine Forderung durch mein Mitgefühl.

«Ich bin einverstanden», sagte der Stiefvater. «Aber in einer Familie geht es nicht nur um Geld. Bevor ich meine Arbeit verlor, habe ich ihr Geld nicht angerührt. Ich hatte selbst Geld.»

Ich fragte mich, worum es seiner Meinung nach in einer Familie gehen sollte und welches Geld er früher hatte. Aber ich bezähmte meine Neugier, weil ich den Stiefvater in die richtige Richtung steuern wollte. Darum sagte ich: «Ja, ich verstehe, was Sie meinen.»

«Wenn ich nicht arbeitslos wäre», fuhr er fort, «wäre ich jetzt wahrscheinlich auch hier. Das Geld hat verdammt wenig damit zu tun.»

Er wollte mich davon überzeugen, daß er nicht des Geldes wegen bei seiner Frau blieb. Er verteidigte sich also gegen einen Vorwurf, den ich gar nicht erhoben hatte.

«Sie haben also lange Zeit gut für Ihre Familie gesorgt», sagte ich, «und Sie machen eine harte Zeit durch. Plötzlich muß Jennifer arbeiten, um Geld zu verdienen, und Sie borgen sich einen Teil ihres Geldes. Das ist in Ordnung, aber Sie sollten die Situation so sehen, wie sie ist, und deutlich sagen, daß Sie sich über Jennifers Hilfe freuen.»

«Okay», sagte der Stiefvater.

«Und ich vermute, daß Jennifer mehr Geld bekommen hat, als Sie mir bisher gesagt haben.»

«Wahrscheinlich», sagte der Vater. «Ja.»

«Dieses Geld hätte sie aufheben können, um ein College zu besuchen», sagte ich «oder um eine Anzahlung für ein Haus zu machen.»

Der Stiefvater fragte: «Sie meinen also, sie hat das Gefühl, daß ihre Hilfe nicht anerkannt wird?»

«Das ist meine Meinung», sagte ich, «nicht ihre.»

«Es hat nichts mit mir zu tun», warf Jennifer ein.

«Und ich bin auch der Meinung», fuhr ich fort, «daß Sie sich bei ihr bedanken sollten.»

Dank und Anerkennung

«Mir liegt nichts daran», sagte Jennifer.

«Egal, was sie sagt», beharrte ich, «ich halte es für wichtig.»

Jetzt meldete sich die Mutter zu Wort. «Ehrlich gesagt, ich habe nie daran gedacht, mich zu bedanken. Aber wir tun doch für Jennifer, was wir können.»

«Das weiß ich», sagte ich. «Aber sie hat wirklich Dank verdient.»

«Ich danke dir», flüsterte die Mutter.

«Für Geld bekommt man alles, stimmt's?» sagte der Stiefvater zu Jennifer, die unter Tränen kicherte.

«Für mich ist das nicht wichtig», sagte Jennifer nachdrücklich. Sie hatte seit einer Stunde immer wieder behauptet, Geld sei nicht wichtig und es lohne sich nicht, darüber zu reden.

«Können Sie ‹danke› sagen?» fragte ich den Stiefvater.

Jennifer warf ein: «Er hat es gerade auf seine Weise getan. Mir liegt nichts daran.»

Ich staunte wieder einmal darüber, wie gut Mitglieder einer Familie einander verstehen, selbst wenn Außenstehende ihre Botschaften nicht entziffern können. Als der Stiefvater gesagt hatte «Für Geld bekommt man alles», hatte er Jennifer gedankt, und sie hatte es verstanden. Gewiß, man konnte seine Worte so verstehen, daß er sie nicht nur wegen des Geldes schätzte; aber mir wäre diese Interpretation nicht in den Sinn gekommen. Auf jeden Fall genügte mir ein indirekter Dank nicht. Der Stiefvater mußte sich klarer ausdrücken.

«Für mich war das nicht ganz ausreichend», sagte ich.

«Wissen Sie, ich kenne meinen Stiefvater, okay?» sagte Jennifer. «Mir ist es egal, wie er es sagt. Wenn ich sage, es ist mir egal, dann ist es mir eben egal. Wir sollten nicht mehr darüber reden.»

Ich fragte: «Wollen Sie ‹danke› zu ihr sagen?»

«Hören Sie bitte auf!» sagte Jennifer laut.

Der Stiefvater sah mich drohend an und sagte: «Drängen Sie mich jetzt nicht. Drängen Sie mich nicht.»

«Doch, ich dränge Sie», sagte ich. «Ich halte es für sehr wichtig.»

Wieder sagte die Mutter leise: «Danke, Jennifer.»

Der Stiefvater sagte: «Jennifer, ich danke dir.» Er hatte Tränen in den Augen.

«Ich danke dir auch», sagte Jennifer. «Aber, weißt du ...»

Ich unterbrach sie. «Das hat sich sehr ehrlich angehört.»

Jennifer wandte sich mir zu. «Schauen Sie, es gibt etwas, was ich Ihnen sagen möchte. Aber Sie hören nicht zu.»

«Ich habe gerade mit deinem Vater geredet», sagte ich. «Es ist schwer, in harten Zeiten ein Kind großzuziehen. Und ich finde, Sie haben es wirklich gut gemacht.» Da er Jennifer gedankt hatte, wollte ich ihn loben und verhindern, daß er sein Gesicht verlor. Er hatte die Situation sicherlich als Demütigung empfunden.

Der Stiefvater sagte: «Ich habe es verdammt schlecht gemacht, wenn Sie meine Meinung hören wollen. Ich habe nicht annähernd das getan, was ich eigentlich tun sollte, und ich bin nicht froh darüber. Im Grunde werde ich sehr unfreundlich, wenn von Geld die Rede ist. Das Geld ist bei uns ein Problem, das ich lieber nicht hätte. Es wäre mir lieber, wenn Jennifer sich mehr um ihre Schularbeiten kümmern und mehr für ihre Zukunft tun könnte.»

Ich sagte: «Wenn ich Sie recht verstehe, wollen Sie die finanzielle Situation in den Griff bekommen. Das ist ja auch Ihre Aufgabe, und ich beglückwünsche Sie dafür. Es ist wirklich wichtig. Ich glaube, Sie und Ihre Familie haben diese schwierige Situation ziemlich gut überstanden.»

Erfolgreiche Arbeitssuche

Eine Woche später hatte der Stiefvater eine Stelle und arbeitete. Er hatte erkannt, daß man seine Ansprüche in wirtschaftlich schwierigen Zeiten zurückschrauben muß, um überhaupt Arbeit zu finden. Er hatte nicht mehr versucht, eine Stelle als Manager zu bekommen, und statt dessen eine einfachere Position akzeptiert. Allen dreien ging es erstaunlich gut. Die Eltern waren sehr an den Aktivitäten des Mädchens interessiert und ermutigten sie, und Jennifer benahm sich, als hätte sie ihren Eltern immer sehr nahegestanden.

Vielleicht hatte der Stiefvater deshalb so schnell Arbeit gefunden, weil er sich bei Jennifer bedankt und deshalb befürchtet hatte, seine Position an der Spitze der Familienhierarchie zu verlieren. Um sie zurückzugewinnen, war er möglicherweise bereit, eine weniger angesehene Stellung anzunehmen.

Wieder ein Kind sein

Jennifer hatte jetzt wieder das Gefühl, Eltern und eine Familie zu haben; denn sie war jetzt in der Hierarchie wieder eine Tochter. Vorher war die Situation für sie ungünstig und verwirrend gewesen: Sie sollte ein Kind sein, mußte aber die Familie ernähren. Nachdem die Familie sich darüber geeinigt hatte, ob Jennifers Geld ein Geschenk oder ein Darlehen an die Eltern war, und nachdem sie offen über Geldprobleme und Dankbarkeit gesprochen hatte, konnte Jennifer wieder Kind sein.

Großzügigkeit

Jennifers Eltern hatten auf ihre Großzügigkeit mit Groll reagiert. Als sie mich aufsuchten, klagten sie unablässig über ihre Tochter und wußten ihre Hilfe kaum oder gar nicht zu schätzen. Ich machte ihnen klar, wie großzügig Jennifer war, und überzeugte sie davon, daß sie ihr dankbar sein mußten.

Großzügigkeit löst oft Groll aus. Die logische Reaktion darauf sollte eigentlich Dankbarkeit sein; doch das ist selten der Fall. Großzügige Menschen werden oft beneidet und abgelehnt. Dafür gibt es mehrere Gründe. Erstens bewundern wir Menschen, die großzügig sein können, fühlen uns aber nicht wohl dabei, weil wir nicht gerne zugeben, daß andere uns überlegen sind. Darum beneiden wir Menschen, die wir aufrichtig bewundern, und oft grollen wir ihnen sogar, weil ihre Großzügigkeit sie überlegen macht.

Zweitens fühlt derjenige, der ein großzügiges Geschenk bekommt, sich gedemütigt; denn das Geschenk bedeutet ja, daß er wenig hat, während der andere viel hat. Das ist der Nährboden des Grolls.

Darum haben Menschen, die lieber geben als nehmen, oft das Gefühl, daß niemand sie liebt. Einerlei, wieviel sie geben, sie werden abgelehnt. Viele Probleme in Familien lassen sich lösen, wenn die Mitglieder erkennen, daß sie keinen Grund zum Groll haben, wohl aber Grund zur Dankbarkeit.

Die Folgen der Armut

Armut hat wirtschaftliche und seelische Folgen. Enttäuschung, Traurigkeit und Wut sind typische Gefühle in armen Familien, und oft werden diese Gefühle abreagiert. Wenn ein Vater seine Arbeit verliert, kann es sein, daß er nicht auf seinen ehemaligen

Arbeitgeber, sondern auf seine Kinder wütend ist. So erging es auch Jennifers Stiefvater.

Armut verändert die Beziehungen der Familienmitglieder. Wir erwarten von Eltern, daß sie ihre Kinder versorgen, und wenn sie dazu nicht in der Lage sind, wird ihre Position in der Familie und in der Gesellschaft untergraben.

Kinder wollen ihren Eltern gerne helfen, aber wenn sie es tun, stehen sie vor einem Problem: Sie demütigen die Eltern dadurch noch mehr, weil sie die natürlichen Verhältnisse auf den Kopf stellen. Darum sorgte Jennifer für ihre Eltern und stritt es gleichzeitig ab. Sie gab sogar vor, die Eltern nicht leiden zu können – «Sie sind nicht meine Familie». Die Eltern spielten mit, und das Täuschungsmanöver trug dazu bei, daß der Vater keine neue Stelle fand.

Als die Eltern Jennifers Hilfe anerkannten, verbesserte sich die Atmosphäre in der Familie, und der Vater war in der Lage, wieder zu arbeiten und für die Familie zu sorgen.

Natürlich hat das Geld auch in wohlhabenden Familien eine geheime Bedeutung und ist die Ursache von Täuschungsmanövern. Darum geht es im nächsten Kapitel.

Kapitel 8

Probleme einer wohlhabenden Familie

Die Weitergabe von Geld von einer Generation an die andere ist für viele Familien ein Problem, vor allem in einer Gesellschaft, in der es ziemlich einfach ist, in die nächst höhere Schicht aufzusteigen oder in die nächst tiefere abzusteigen. Manche Menschen überwinden ihre Armut und werden wohlhabend. Sie geben ihr Vermögen an ihre Kinder weiter, doch diese verlieren es, weil sie nicht die notwendigen Fähigkeiten besitzen, um es zu erhalten. Die Kinder steigen dann in die Gesellschaftsschicht ab, der die Eltern ursprünglich angehörten.

Die meisten Eltern wünschen sich, daß es ihren Kindern mindestens so gut geht wie ihnen. Aber manche Eltern nutzen ihr Geld, um den Erfolg ihrer Kinder zu untergraben. Dadurch machen sie den Traum zunichte, daß es der nächsten Generation besser geht als der vorigen.

Wie man nicht geben soll

Eltern können ihre Kinder so unterstützen, daß sie sich weiterentwickeln und selbstsicherer werden. Sie können ihre Kinder aber auch entmutigen, ihre Entwicklung behindern und sie auf einen falschen Weg bringen. Je reicher eine Familie ist, desto häufiger zeigen sie ihnen den falschen Weg.

«Ich war schon wieder fies zu meiner Frau», sagte Bruce sachlich, als er in meine Praxis kam. Mit seinen zerfransten Bluejeans, dem alten T-Shirt und den langen Haaren sah er schmuddelig aus. Er war unrasiert und machte eine gleichgültige Miene.

Ein Gericht hatte Bruce die Auflage gemacht, sich einer Therapie zu unterziehen. Er war wegen verschiedener Delikte verurteilt worden, darunter Körperverletzung (er hatte seine Frau mißhandelt), Fahren unter Drogeneinfluß, Drogenbesitz und Drogenhandel, Mißachtung seiner Unterhaltsverpflichtungen gegenüber den Kindern und versuchter Mord. Er war Tennisspieler gewesen und hatte mehrere nationale Titel gewonnen.

Meine Arbeit als Therapeutin hat mich abgehärtet. An diesem Nachmittag hatte ich wie üblich unglückliche Ehepaare und rebellische Jugendliche nebst ihren verzweifelten Eltern behandelt. Ich war gelangweilt – aber plötzlich wurde ich hellwach. Bruce fiel total aus dem Rahmen.

«Ich bin neunundzwanzig Jahre alt», sagte er.

Er sah aus, als sei er über vierzig. Mir war klar, daß er ein schwieriger Fall war. «Was hat Bruce außer ein paar Tennisspielen verloren? Was hat ihn so gezeichnet?» Dies waren die ersten Fragen, die mir in den Sinn kamen.

Niederlagen und Verluste

Wenn wir verstehen wollen, was ein Mensch verloren hat, müssen wir zuerst wissen, was er erreicht hat. Von einem Verlust kann nur die Rede sein, wenn ein Gewinn möglich gewesen wäre. Ich mußte also etwas über Bruces Erfolge erfahren, bevor ich mit ihm über seine Niederlagen reden konnte. Er ging offenbar hohe Risiken ein und erinnerte mich an einige Boxer und Autorennfahrer, die ich kannte.

Als ich darüber nachdachte, war ich ganz aufgeregt. Obwohl Bruce auf den ersten Blick wie ein Penner aussah, sagte ich zu ihm, er sei ein mutiger Mensch und habe einige Heldentaten vollbracht.

«Ja, ich bin ein paarmal ziemlich mutig gewesen», bestätigte er, erfreut über das Kompliment. «Aber ich habe immer Ärger mit Frauen gehabt. Einmal habe ich einen Kerl zusammengeschlagen und ihm seine Freundin, dieses Miststück, ausgespannt», erzählte er stolz. «Sie hat mich drei- oder viermal sitzenlassen. Ich bezahlte jedesmal ihr Flugticket, aber dann wollte sie zurückkommen. Eines Tages nahm sie mein ganzes Geld und verschwand. Ein paar Monate später war sie wieder da und flennte, weil sie schwanger war, und sie hat mich wieder rumgekriegt.»

«Eine komplizierte Art, gutmütig zu sein», dachte ich. Im Geiste sah ich Bruce vor mir, wie er die Flugtickets bezahlte, damit die Frau ihn verlassen konnte, wie er ein neues Ticket kaufte, als sie es sich anders überlegte, und wie er sie wieder bei sich aufnahm, als sie von einem anderen Mann schwanger wurde. Warum tat er sich das an?

«Wie lange haben Sie Tennis gespielt?» fragte ich.

«Immer», sagte er. «Mein Vater war auch Tennisspieler, und ich mußte mit ihm auf den Platz gehen.» Er sah jünger aus, als er von seiner Kindheit sprach. «Ich bin auf dem Tennisplatz aufgewachsen. Als ich noch ein Knirps war, wollte mein Vater schon, daß ich Tennis spielen lernte.» Seine Stimme wurde wehmütig, als er fortfuhr: «Er spielte Tennis, bis ich sechzehn war, dann lief ich von zu Hause weg. Als ich einen Monat später zurückkam, hatte er den Tennisplatz und die gesamte Ausrüstung verkauft.» Er schwieg eine Weile, dann fügte er hinzu: «Mein ganzes Leben lang wurde ich auf dem Tennisplatz vor anderen Leuten und vor seinen Kumpeln angeschnauzt und herumgestoßen. Wenn ich einen Fehler machte, schrie und fluchte er.»

Bruce war nicht wütend, nur traurig. «Und dann verkaufte er alles und entließ den Trainer. Das nehme ich ihm heute noch übel. Ich möchte ihm am liebsten eine auf die Schnauze hauen. Ich war der einzige, der ein Tennisspieler wie er werden wollte. Mein älterer Bruder ging zum Militär, mein anderer Bruder war ein drogensüchtiger Radfahrer. Also blieb nur ich übrig, und mir hat es Spaß gemacht.»

Als Bruce seine Geschichte erzählte, beschrieb er gleichzeitig den Charakter seines Vaters. Welcher Vater ist versessen darauf, daß sein Sohn Tennisspieler wird, und macht seine Karriere dann zunichte? An diesem Punkt ging ich davon aus, daß der Vater ein noch schlimmeres Miststück war als Bruce.

Familienbande

«Haben Sie Kontakt mit Ihren Brüdern und Schwestern?» fragte ich.

«Eigentlich nicht. Wir haben alle unser Leben versaut außer meinem älteren Bruder, und den sehe ich nicht mehr.»

Offenbar war Bruce nicht der einzige Straffällige in der Familie, und der Vater schien der größte Gauner zu sein. In den meisten Familien ist ein Kind das Problemkind, während die anderen Erfolg haben. In diesem Fall waren offenbar fast alle Geschwister Problemkinder – außer dem Ältesten, der mit sechzehn Soldat geworden war.

Bruce berichtete von Alkoholismus, Drogenmißbrauch und körperlicher Mißhandlung. Alle Geschwister waren davon betroffen, und ich erwartete, daß er mir als nächstes von seinem verarmten oder schwerkranken Vater erzählen würde. Ich weiß aus langjähriger Erfahrung, daß das asoziale Verhalten, das Bruce schilderte, oft die Folge des Unvermögens ist, armen oder sterbenden Eltern zu helfen.

«Wie geht es Ihrem Vater?» fragte ich.

Zu meiner Überraschung antwortete er: «Dem geht es gut. Er verdient über eine halbe Million im Jahr.»

«Womit?» fragte ich erstaunt und erfuhr, daß er Marketingdirektor eines großen Unternehmens war.

«Das überrascht mich», sagte ich. «Da werden Sie wohl eine Menge Geld erben?» Ich versuchte, die neue Information zu verarbeiten.

«Das glaube ich kaum», erwiderte er. «Ich werde ihm einen Brief schreiben. Er soll vergessen, daß ich sein Sohn bin.»

«Das wollen Sie tun?» fragte ich, erneut überrascht. Warum wollte Bruce sich selbst enterben?

«Klar», sagte er. «Übrigens, er bezahlt diese Therapie.»

Wie man mit Geld Denkzettel verpaßt

Ich kratzte mich am Kopf. Warum wollte Bruce das Geld seines Vaters nicht haben? Man kann eine solche Einstellung von einem erfolgreichen jungen Mann erwarten, der beweisen will, daß er auf eigenen Füßen steht – aber von einem Versager und Drogenhändler? Mir fiel ein, daß Bruces Geschwister ebenfalls gescheiterte Existenzen waren, und ich dachte: «Das kann nicht das Werk einer Generation sein.» Bruce symbolisierte das Dilemma der Existenz besser als sämtliche Charaktere von Hemingway. Oder konnte ich ihn bei Sartre wiederfinden?

Bruce riß mich aus meinen Gedanken: «Meine Frau denkt, ich erbe viel Geld, weil mein Onkel eine Menge Geld hat und meine Großmutter auch. Sie hat mir im Laufe der Jahre viel gegeben. Und mein Pa hat mir geholfen, wenn es mir dreckig ging. Er hat mir ein Haus gekauft, und ich sollte ihm Miete bezahlen. Aber ich hab's nicht getan, weil ich Drogen nahm und trank. Mein Pa hat die Schnauze voll von uns allen. Ich habe ihn immer angerufen, wenn ich in der Tinte saß und Geld brauchte. Und die anderen haben es genauso gemacht.»

«Die Tatsache, daß dieser Tennis spielende, verstockte Ganove der Sohn eines erfolgreichen Mannes ist, erklärt eine Menge», dachte ich, während er erzählte, daß sein Vater ihn immer gedrängt habe, zwei oder drei Jobs anzunehmen und ein guter Schüler zu sein. Der Vater stammte aus armen Verhältnissen und hatte sich hochgearbeitet. Er war großzügig und hatte seiner Mutter einen großen Geldbetrag geschenkt. Solche Menschen wollen von ihren Kindern verstanden werden, und darum wollen sie ihnen klarmachen, was Armut, Geld und harte Arbeit bedeuten. Sie fürchten sich davor, ihre Kinder zu verwöhnen, und fordern sie ständig heraus, damit sie unabhängig werden. Doch viele Kinder betrachten diese Art der Erziehung als feindselig und erniedrigend. Sie finden, daß Eltern ihren Kindern helfen müssen und daß das Leben Hindernisse genug bereithält.

Solche Konflikte erreichen ihren Höhepunkt während der Adoleszenz, wenn Feindseligkeit und Rebellion offen ausbrechen. Bruces Vater hatte seinen Sohn zu einem Tennisspieler gemacht. Das war ungewöhnlich, weil die meisten Eltern sich wünschen, daß ihre Kinder eine höhere Gesellschaftsschicht erreichen, und ihnen normalerweise keine risikoreiche Karriere als Sportler ermöglichen. Außerdem war der Vater gewalttätig gewesen, und darum hatte Bruce seine Wünsche zurückgewiesen. Daraufhin hatte der Vater seinen heranwachsenden Sohn so hart bestraft, daß dieser ein aufsässiger und feindseliger Heranwachsender blieb, der weder sportliche noch geschäftliche Erfolge erringen konnte.

Wenn das Verhältnis zwischen Vater und Sohn derart belastet ist, kommt es meist nicht zu einer Trennung, sondern es entwickelt sich ein Symptom. Als der Vater dem Sohn ein Haus kaufte und von ihm Miete verlangte – damit das Ganze nicht wie eine Wiedergutmachung aussah –, hielt Bruce sich nicht an die Absprache. Da der Vater ihm nicht direkt helfen konnte und Bruce nicht wußte, wie er den Vater darum bitten sollte, hatte der Vater für Bruce mehr an Kautionen, Gerichts- und Anwaltskosten, Krankenhausrechnungen, Miete und Hypotheken bezahlt, als ihn eine gute Schulausbildung gekostet hätte.

Die Macht der Armut

Daß Geld Macht bedeutet, ist leicht einzusehen. Wer Geld hat, hat Macht über jene, die keines haben. Mit Geld kann man anderen helfen, aber man kann sie auch bestechen und abhängig machen, und man kann sich damit Liebe und Respekt kaufen. Als Kinder haben wir alle nichts, und unsere Eltern haben alles. Wir sind von unseren Eltern vollständig abhängig. Manche Eltern verstärken diese Abhängigkeit, weil sie glauben, Geld sei das einzige Mittel, sich die Liebe und den Respekt der Kinder zu sichern. Doch die meisten Menschen sind fähig, selbst Geld zu verdienen, und sie lieben ihre Eltern unabhängig von den materiellen Zuwendungen, die sie von ihnen bekommen.

Manche Kinder verabscheuen einen Elternteil so sehr, daß der natürliche Prozeß der Trennung durch ein anderes Ziel verdrängt wird: Das Kind will sich rächen. Die Rache ist ihm wichtiger als alles andere im Leben. Der Verhaßte soll zahlen. Aber das Kind liebt auch den Menschen, dem es grollt.

Wie kann ein Jugendlicher oder junger Erwachsener in diesem Dilemma den Eltern am meisten weh tun? Indem er sich selbst weh tut. Wenn er im Leben versagt, nicht einmal seinen Lebensunterhalt verdient und immer mittellos ist, einerlei, wieviel Geld er von der Familie bekommt, leiden die Eltern gewiß darunter. Zudem garantiert die Armut, daß die Beziehung zwischen dem jungen Versager und den Eltern aufrechterhalten bleibt; denn sie haben weiterhin alles, und er hat weiterhin nichts. Armut gibt also Macht, weil sie die Eltern dazu verdammt, unaufhörlich zu geben. Wer in eine tiefere Gesellschaftsschicht hinabrutscht, ist immer der Empfangende.

Jeder hat etwas zu geben

Normalerweise ermutigen die Eltern ihre Kinder, erwachsen zu werden und sich von ihnen zu lösen – sie schubsen sie sanft von zu Hause weg. Wenn Konflikte und Groll diesen Vorgang stören und der junge Mensch länger als normal von den Eltern abhängig bleibt, können diese noch einmal von vorne anfangen und alles tun, was sie versäumt haben, um dem Kind zu helfen. Wenn der junge Menschen jedoch seit Jahren ein Versager ist, sollte er zuerst lernen zu geben, bevor er wieder etwas nimmt.

Auch Bruce hatte etwas gegeben: Er hatte für die Frauen in seinem Leben gesorgt. Das Geld floß von seinem Vater zu ihm und von ihm zu seinen Frauen. Bruce konnte nur denen etwas geben, die seiner Meinung nach unter ihm standen. Jetzt mußte er lernen, denen zu geben, die in seinen Augen über ihm standen. Wenn ihm das gelang, konnte er sich seinem Vater ebenbürtig fühlen und sich von ihm lösen.

Bisher hatte seine Familie ihn mit Geld unterstützt. Jetzt mußte er erfahren, was Geben bedeutet. Doch zuvor mußte ich mehr über seine Familie wissen.

«Gab es jemanden in Ihrem Leben, der immer für Sie da war, der mit Ihnen durch dick und dünn ging, den Sie wirklich bewundern?» fragte ich.

«Einen, den ich immer um Hilfe bitten konnte und mit dem ich immer reden konnte?» Bruce beantwortete meine Frage so, wie ich es erwartet hatte: «Na ja ... mein Vater.»

Ich war sicher, daß es noch andere gab. «Ihr Vater war also immer für Sie da?» fragte ich.

«Ja, aber er ist von mir enttäuscht, weil ich immer wieder Dummheiten mache. Auch meine Tante ist für mich da, meine Schwester, meine Mutter ...»

So viele Helfer hatte ich nicht erwartet!

«War sie eine gute Mutter? War sie wirklich immer für Sie da?» erkundigte ich mich.

«Meine Großmutter war für mich genauso Mutter wie meine Mama.» Aha! Jetzt hatte Bruce die entscheidende Person genannt.

«Ich meine die Mutter meines Vaters», fuhr er fort. «Wenn es mir schlechtging und ich im Krankenhaus lag, war sie da. Mein Vater hatte eigentlich keine Lust, zu kommen. Er war über nichts und niemanden so empört wie über mich. Aber ich hatte immer meine Großmutter.»

«Sie hat sich immer um Sie gekümmert», sagte ich.

«Sie versucht es immer noch.» Sein Gesichtsausdruck und seine Stimme waren sanfter geworden, als er von seiner Großmutter sprach.

Geben statt nehmen

Ich dachte: «Die alte Dame muß glücklich darüber sein, daß ihr Enkel sie liebt, obwohl er sich von ihr immer nur helfen läßt.» Konnte ich Bruce dazu bringen, seiner Großmutter etwas zu geben und dadurch den ersten Schritt zu tun, um seine Beziehung zur ganzen Familie zu ändern?

Aber was gibt man einer alten Dame? Ältere Menschen leisten oft ehrenamtliche Arbeit und spenden für Bedürftige. Wenn Bruce seiner Großmutter dabei helfen würde, wäre das auch ein Geschenk für sie, und ich hätte mein Ziel erreicht. Vielleicht konnte ich zwischen den beiden ein Band der Großzügigkeit knüpfen.

Zu meiner Überraschung erfuhr ich, daß dieses Band bereits existierte.

«Opfert Ihre Großmutter Zeit und Geld für einen guten Zweck, zum Beispiel für hungernde Kinder oder ...?»

Bevor ich meine Frage beenden konnte, unterbrach mich Bruce. «Sie kümmert sich um alte Leute. Als ich klein war, habe ich sie oft begleitet.»

«Wirklich?» fragte ich erstaunt. «Wann sind Sie zum letzten Mal mitgegangen?»

«Ich glaube, bevor ich ein Teenager war ... elf oder zwölf.»

«Mir scheint, Sie haben von Ihrer Großmutter ein wenig Mitgefühl geerbt», sagte ich. «Sie hat einen Teil ihres Lebens damit verbracht, alten Menschen zu helfen.»

«Ich habe früher auch mit geistig Behinderten gearbeitet», sagte Bruce.

«Das ist ja großartig!»

«Das Gericht hat mich zu einer gemeinnützigen Arbeit verdonnert, und ich wollte eigentlich etwas Stupides machen. Dann hat mich mein Anwalt auf diese Sache hingewiesen.»

«Hat es Ihnen gefallen?» fragte ich.

«Ja», sagt er wehmütig. «Eigentlich würde ich gerne nochmal hingehen und die Leute wiedersehen und mehr für sie tun.»

«Genau daran habe ich auch gedacht», sagte ich.

Einen Augenblick lang hatte Bruce einen unterdrückten Aspekt seiner Persönlichkeit enthüllt – er wollte anderen helfen. Aber das war nur ein flüchtiger Moment. Er wollte kein großzügiger Mensch sein, weil er fürchtete, dadurch seine Position innerhalb seiner Familie zu verlieren und nicht mehr der empfangende Teil zu sein. Das brachte er mit seiner nächsten Bemerkung zum Ausdruck.

«Ich habe keine Zeit, und ich kann nicht hinfahren.» (Man hatte ihm den Führerschein abgenommen.) «Aber es war nett. Hat mir Spaß gemacht. Sie waren in meinem Alter, aber nicht geistig. Es war lustig.»

«Wenn ich Sie fragen würde, welche zwei Dinge Ihnen damals am meisten gefallen haben, was würden Sie sagen?»

«Einfach mit diesen Leuten zusammenzusein und ihnen etwas beizubringen. Es sind nette Leute.» Seine Stimme hatte einen zärtlichen Ton. «Irgendwie habe ich ein weiches Herz, auch wenn die meisten Leute das nicht wissen. Debbie weiß es, und meine Exfrau weiß es. Sie haben gesehen, wie ich zusammengebrochen bin und geweint habe. Sie haben gesehen, wie ich mich aufgeregt habe. Wissen Sie, ich wollte mich umbringen. Ich habe viel Mist gebaut, und sie wissen, was ich gemacht habe. Ich habe ein paar gute Freunde, aber die meisten Leute haben keine Ahnung, was für ein Typ ich bin. Sie halten mich für einen Blödmann.»

Ein Mittel gegen Selbstkritik

Ich wußte, daß diese Art der Selbstkritik die Flucht vor der Verantwortung rechtfertigen soll. Wenn Bruce ein Blödmann und ein Taugenichts war, konnte man nichts von ihm erwarten. Um ein verantwortungsbewußter Erwachsener zu werden, mußte er sich als solcher sehen, nicht als Blödmann.

Bruce fuhr fort: «Ich bin eben ein Idiot! Das sagen alle, und es stimmt. Wenn die Leute mir sagen, daß ich ein Idiot bin, dann sage ich: ‹Na und? So bin ich eben.›»

Ich beugte mich vor. «Ich kann Ihnen versichern, daß es nicht viele Idioten gibt, die mit mir so feinfühlig über die Menschen reden können, mit denen sie gearbeitet haben.»

«Mag sein», sagte er. «Aber das ist nur eine Seite von mir.»

«Aber mit dieser Seite unterhalte ich mich», sagte ich.

Ich seufzte vor Erleichterung. Jetzt sprach ich mit einem Bruce, der gütig, mitfühlend und intelligent war.

Zurück zum großen Dilemma

In Kapitel zwei habe ich eines der größten Dilemmas unseres Lebens beschrieben: Als Kinder haben unsere Eltern für uns gesorgt, als Erwachsene müssen wir für unsere Eltern sorgen. Damit uns dieser Übergang gelingt, müssen wir in der Lage sein, zu helfen. Aber gerade jene Eltern, die schwer krank sind, erlauben ihren Kindern oft nicht, ihnen zu helfen. Bruce hatte einen solchen Vater.

Zu Beginn der Sitzung hatte er geschildert, wie sein Vater ihn beleidigte und beschimpfte, wenn er ihm auf dem Tennisplatz helfen wollte. Wenn ein Mensch nicht seinem Vater helfen und dadurch erwachsen werden kann, gelingt ihm der Übergang möglicherweise, indem er einer anderen älteren Person in der Familie hilft, in diesem Fall der Großmutter.

Wut

Wer von den Eltern nicht anerkannt wird und ihnen nicht helfen kann, wird oft wütend oder gewalttätig. Bruce war wiederholt gewalttätig gegen sich selbst und andere gewesen. Er mußte seine Wut unbedingt in den Griff bekommen.

«Bruce, Sie haben davon gesprochen, daß Sie Ihre Wut zügeln müssen», sagte ich.

«Das ist immer ein Problem für mich, sogar wenn ich allein bin», antwortete er.

«Das haben Sie mir schon bei unserem ersten Gespräch klargemacht», sagte ich. «Und darüber möchte ich jetzt mit Ihnen sprechen.»

Wut ist ein Problem, das viele Therapeuten falsch angehen. Viele glauben, es sei «gesund», seine Wut auszudrücken. Nach dieser Theorie tragen wir eine bestimmte Menge Wut mit uns herum, und wenn wir ihr Luft machen, sind wir sie los.

Nichts könnte von der Wahrheit weiter entfernt sein. Wer Wut «herausläßt», wird noch wütender und löst Wut und Gewalt bei anderen aus. Ein altes chinesisches Sprichwort sagt: «Wenn du aus Wut tötest, schaufle zwei Gräber.» Das bedeutet, daß wir sowohl dem anderen als auch uns selbst weh tun, wenn wir Wut ausdrücken. Wenn wir wütend sind, können wir nicht mehr vernünftig handeln. Wir können unsere Wut nur loswerden, wenn wir sie in eine positive Emotion umwandeln. Aber wie? Eine Möglichkeit besteht darin, das Objekt der Wut zu ändern.

«Bruce, Sie sind ein empfindsamer Mensch, der menschliches Leid versteht und viele Schwierigkeiten hinter sich hat», sagte ich. «Ich vermute, daß Ihnen etwas im Leben fehlt: Sie tun nichts, um das Böse in der Welt teilweise gutzumachen. Früher haben Sie geistig Behinderten geholfen, die so oft mißverstanden werden. Sie waren imstande, mit ihnen zu kommunizieren, und Sie haben lange genug mit ihnen gearbeitet, um zu erkennen, daß Menschen eine Seite haben, die wir nicht unbedingt zuerst sehen.»

Bruce nickte zustimmend.

«Sie haben die Fähigkeit, mit dem Inneren anderer Menschen in Kontakt zu kommen. Darum möchte ich, daß Sie sich nicht mehr als Mann sehen, der immer wütend ist, der kein Mitgefühl hat, der sich idiotisch benimmt. Sie sollen von jetzt an etwas ganz anderes tun.»

Bruce war an jedem Wort interessiert, und er war neugierig auf meinen Vorschlag.

«Jedesmal, wenn Sie das Gefühl haben, sich idiotisch zu benehmen», fuhr ich fort, «machen Sie etwas falsch: Sie werden gewalttätig oder nehmen Drogen und so weiter, oder Sie sind wütend auf sich selbst oder andere. Von jetzt an werden Sie zwei Dinge tun, wenn Sie anfangen, etwas Dummes zu tun.»

Ich benutzte den Ausdruck «etwas Dummes» bewußt, weil er von seiner Großmutter stammen könnte, und ich wollte ja erreichen, daß er an seine Großmutter dachte. Außerdem wollte ich seinem falschen Verhalten den Anstrich des Heldentums nehmen.

«Wenn Sie etwas Dummes tun», sagte ich, «oder wütend werden, möchte ich, daß Sie ein Altersheim in Ihrer Nähe anrufen und fragen, ob Sie helfen können. Oder daß Sie Ihre Großmutter anrufen und sich erkundigen, ob Sie etwas für sie tun können. Wenn Sie aus einem dummen Grund wütend werden, zum Beispiel weil Sie sich mit Debbie streiten oder weil irgend jemand irgend etwas gesagt hat, möchte ich, daß Sie an etwas denken, worüber Sie mit Recht wütend sein dürfen, etwa daran, wie schlecht man Behinderte oder ältere Menschen behandelt. Dann haben Sie einen guten Grund, wütend zu sein.»

Bruce hörte aufmerksam zu.

«Oder Sie tun etwas Nettes für Ihre Großmutter», fügte ich hinzu. «Sie ist einer jener älteren Menschen, die Zuwendung brauchen. Sie könnten sie anrufen und sagen: ‹Ich vermisse dich und würde dich gerne mal wieder sehen. Wollen wir zusammen eine Tasse Kaffee trinken?› Sie können sogar ein Taxi nehmen, und ich bin sicher, sie würde sich freuen, es zu bezahlen.»

«Das kann ich schon selbst bezahlen», sagte Bruce, dem seine Situation offensichtlich peinlich war.

Liebe

Ich hatte an seine Gefühle appelliert, und jetzt begann er, mit zärtlichen Worten über seine Großmutter zu reden.

«Sie hat genug bezahlt», sagte er. «Sie hat mir Tausende gegeben. Wenn ich sie anrufe, denkt sie wahrscheinlich, daß ich Geld brauche. Ich habe ein schlechtes Gewissen. An Weihnachten hat sie mich angerufen und gesagt: ‹Ich habe ein wenig Geld für dich.› Und ich habe gesagt: ‹Danke, aber ich will es nicht.› Sie sagte: ‹Liebst du mich nicht mehr?› Nur weil ich ihr Geld nicht haben will, denkt sie, ich liebe sie nicht mehr.»

«Sie ist eine richtige Großmutter, nicht wahr?» sagte ich.

«Wissen Sie», sagte Bruce bedauernd, «ich habe sie in letzter Zeit nicht oft besucht, wir haben wenig miteinander geredet.»

«Sehen Sie? Sie wäre also froh über Ihren Besuch!» sagte ich begeistert. «Vor allem weil Sie immer noch ‹Oma› zu ihr sagen. Ich vermute, sie hat Ihnen beigebracht, ein Herz zu haben.»

«Ja, sie hat mir dabei geholfen», sagte er bewegt.

Ich seufzte erleichtert. Jetzt hatte ich das gute Herz unter der rauhen Schale gefunden.

Geben und nehmen

Jetzt wollte ich mich mit Bruce über Geben und Nehmen unterhalten. Er hatte Schuldgefühle, weil er so oft Geld von seiner Großmutter angenommen hatte. Wenn er sie besuchte, würde sie natürlich glauben, er wolle wieder einmal Geld von ihr. Die Weihnachtsgeschichte, die er erzählt hatte, war aufschlußreich. Sie zeigte, daß das Geld in dieser Familie große Macht hatte und daß Bruce sich wegen seines schlechten Gewissens von der Familie isolierte.

«Wenn sie erfahren, wieviel Geld sie mir gegeben hat, bringen sie mich um, besonders mein älterer Bruder. Sie hat Geld vom Erbteil der anderen weggenommen und mir gegeben. Was glauben Sie, wie ich mich dabei fühle? Ich habe das ganze Geld verpulvert und dann noch mehr verlangt.»

«Jetzt besuchen Sie Ihre Großmutter aus einem anderen Grund», sagte ich. «Sie wollen einfach mit ihr zusammensein.

So können Sie ihr ein wenig von dem zurückgeben, was sie Ihnen gegeben hat. Denken Sie daran, daß Sie ihr jedesmal etwas geben, wenn Sie etwas für sie tun. Wahrscheinlich haben Sie nicht mehr sehr lange Gelegenheit dazu.»

«Das stimmt», sagte er und seufzte.

«Und wenn sie Ihnen Geld geben möchte, nehmen Sie es», fuhr ich fort. «Sie freut sich darüber, und Sie freuen sich auch, wenn sie ein liebevolles Geschenk von ihr annehmen.»

Bruce schüttelte den Kopf. «Ich habe es so oft verschleudert!»

«Ein Geschenk von der Großmutter ist etwas Besonderes», sagte ich. «Nicht jeder hat eine so großzügige Oma. Vielleicht sollten Sie Ihre Zuneigung dadurch zeigen, daß Sie ihr Geschenk sinnvoll nutzen.»

Geben, um zu nehmen

Manche Menschen geben etwas, damit sie es später zurückverlangen können. Bruces Vater war so ein Mensch. Er hatte seinen Sohn ermutigt, Tennisspieler zu werden, und ihm dann die Ausrüstung und den Trainer weggenommen. Er hatte ihm erlaubt, sich auf dem Platz nützlich zu machen, und ihn dann vor anderen Leuten angeschrien und beleidigt. Er hatte ihm ein Haus gegeben, aber Miete von ihm verlangt. Die Folge war, daß Bruce nie wußte, ob er dankbar oder wütend sein sollte.

Die Großmutter hatte keine Gegenleistung erwartet, wenn sie ihm Geld gegeben hatte, und sie hatte auch nicht von ihm verlangt, sich zu ändern. Sie war ein Beispiel für selbstloses Geben. Darum sollte auch Bruce in der Lage sein, ihr etwas zu geben, ohne eine Belohnung dafür zu erwarten.

«Die Liebe, die Ihre Großmutter Ihnen schenkt, ist etwas ganz Besonderes», sagte ich. «Darum müssen Sie anders damit umgehen. Dieses Geld ist nicht mit dem zu vergleichen, das Sie durch Arbeit verdienen.»

«Was meinen Sie damit?» fragte Bruce.

«Nun, es sollte eine Art Zeremonie geben, wenn Sie so ein liebevolles Geschenk erhalten, damit Sie beide wissen, daß sie Ihnen kein gewöhnliches Geld gibt. Verstehen Sie, was ich meine?»

«Ja», sagte er.

«Wenn Sie Ihnen also Geld gibt, bewahren Sie es sicher auf, und nächste Woche unterhalten wir uns über eine angemessene Zeremonie.»

«Okay.»

«Freuen Sie sich über die Güte Ihrer Großmutter», sagte ich. «Verstehen Sie, daß Sie ihr etwas geben, wenn Sie sie einfach nur besuchen oder anrufen?»

«Glauben Sie, das ist ein Mittel gegen meine Wut?» fragte er.

«Ganz bestimmt», sagte ich. «Sie können Ihre Wut in eine positive Kraft umwandeln. Nicht nur, weil Sie Ihre Großmutter besuchen, sondern auch, weil Sie morgen das Heim anrufen, in dem Sie eine Zeitlang gearbeitet haben, und die Leute fragen, ob Sie ab und zu vorbeikommen dürfen.»

«Sie haben mir sogar ein Hemd geschickt», berichtete er mit einem gewissen Stolz.

«Ach, wirklich? Wann?» fragte ich erfreut.

«Vor ein paar Monaten.»

«Das ist ja unglaublich, Bruce», sagte ich bewundernd. «Sie haben großen Eindruck auf sie gemacht.»

«Vielleicht. Aber die meisten Leute wollen mich am liebsten vergessen.» Bruce ließ keine Gelegenheit aus, sich selbst herabzusetzen.

Zu Beginn unserer nächsten Sitzung erzählte er, er habe in der letzten Woche nicht nur seine Großmutter angerufen, sondern auch seinen Vater und zwei seiner Schwestern. Die Gespräche waren locker und freundlich gewesen, und niemand hatte die Fehler der Vergangenheit erwähnt. Einmal hatte er sich allerdings mit seiner Frau gestritten. In seiner Freizeit war er in dem Heim für geistig Behinderte gewesen. Auch seine Großmutter hatte er besucht, und sie hatte ihm dreihundertfünfzig Mark gegeben.

Ich schlug ihm eine passende «Zeremonie» vor: Er sollte für einen Teil des Geldes ein Geschenk für seine Großmutter kaufen. Nach einiger Überlegung beschlossen wir, daß er ihr für die Hälfte des Betrages einen Besuch in einem Schönheitssalon spendieren würde, mit Maniküre, Pediküre, Massage und allem Drum und Dran. Die zweite Hälfte wollte er auf sein Bankkonto einzahlen.

Während einer späteren Sitzung berichtete er, ein reicher Onkel habe ihm spontan siebzigtausend Mark angeboten, damit er ein eigenes Geschäft eröffnen könne. Daraufhin hatte sein Vater ihm ein ähnliches Angebot gemacht – offenbar hatte er gemerkt, daß Bruce sich geändert hatte. Bruce war jetzt stolz darauf, daß er selbstlos geben konnte. Er besuchte seine Großmutter regelmäßig und arbeitete ehrenamtlich in dem Heim für geistig Behinderte. Die Folge war, daß es nun auch seinem Vater leichter fiel, etwas ohne Bedingungen zu geben.

In mehreren Sitzungen, einmal zusammen mit dem Onkel und dem Vater, überlegten wir, ob Bruce eine so große Verantwortung übernehmen konnte. Er konsultierte einen Finanzberater und beschloß, das Angebot seines Vaters und seines Onkels anzunehmen und eine eigene Firma zu gründen.

In diesem Kapitel haben wir darüber gesprochen, daß manche Eltern die Zukunft ihrer Kinder unbewußt mit Geld untergraben. Während wir uns bemühen, jungen Erwachsenen zu helfen und sie vor finanziellen Verlusten zu bewahren, werden wir älter. Darum befaßt sich das folgende Kapitel mit der geheimen Bedeutung des Geldes bei älteren Ehepaaren.

Kapitel 9

Geld und das ältere Paar

Wenn Ehepaare seit vielen Jahren verheiratet sind, hat sich bei den Partnern meist Groll angesammelt, und sie sehen bestimmte unerfreuliche Szenen immer wieder vor dem geistigen Auge. Solche Gedanken stellen sich oft gegen den Willen des betreffenden Menschen ein und blockieren sein Denken. Hartnäckiger Groll kann einen Menschen zwingen, in der Vergangenheit zu leben, und das stört die Gegenwart und hindert Ehepaare daran, die guten Seiten ihrer Beziehung zu genießen.

Groll führt zu Entfremdung und Schuldgefühlen, und beides verschlimmert alle anderen Probleme, die das Paar möglicherweise hat. Die Quelle des Grolls ist häufig Enttäuschung darüber, daß wir nicht so geliebt worden sind, wie wir es uns gewünscht haben. Wir können zwar die Vergangenheit nicht ändern, wohl aber unsere Einstellung dazu.

Erpressung

Viele Paare bleiben zusammen, weil eine Scheidung für einen Partner oder für beide zu teuer wäre. Um keinen finanziellen Verlust zu erleiden, halten sie an einer Ehe fest, die nur noch schlimmer werden kann, weil sie nicht von Liebe, sondern von Geld zusammengehalten wird.

Manchmal droht einer der Partner immer wieder mit Scheidung, um den anderen zu prüfen. Er erwartet dann, daß der andere ihm gut zuredet und um Liebe bettelt. Mit solchen

Drohungen verhält es sich wie mit Komplimenten, die wir herausfordern wollen – beides kann ins Auge gehen.

Wenn eine Frau sagt: «Ich sehe heute schrecklich aus!» erwartet sie wahrscheinlich Widerspruch von ihrem Mann, etwa: «Nein, du siehst wundervoll aus, Schatz!» Aber es kann auch sein, daß der Mann sagt: «Ja, du siehst wirklich nicht gut aus.» Das ist ein Schock für eine Frau, die mit einem Kompliment gerechnet hat. Ähnlich verhält es sich mit Scheidungsdrohungen.

Manche Paare haben eine stillschweigende Übereinkunft getroffen: Die Frau droht mit Scheidung, und er beruhigt sie – oder umgekehrt. Dieses Spiel kann sich jahrelang wiederholen, ohne je in die Realität umgesetzt zu werden. Aber die Welt steht nicht still, und Wandel ist unvermeidlich. Eines Tages reagiert der Mann auf die Drohung vielleicht mit der Bemerkung, eine Scheidung sei wohl die beste Lösung. Dann befindet das Paar sich in einer Krise.

Margarete drückte es so aus: «Wir sind am Ende unserer Beziehung. Ich glaube, das einzige, was unsere Ehe noch zusammenhält, ist Geld. Wir lieben uns nicht. Wir sollten uns entweder trennen und all den Streß hinter uns lassen oder glücklicher werden und die goldenen Jahre genießen.» Das war ein vernünftiger Wunsch. Sie fügte hinzu: «Mein Mann sagt, er sei nicht unglücklich. Aber ich bin bestimmt nicht glücklich.»

«Das habe ich nicht gesagt», warf Karl ein.

«Was hast du denn gesagt?» fragte Margarete.

«Ich sagte, ich sei unglücklich.»

Ich fragte mich, ob Margarete je darauf geachtet hatte, was Karl dachte oder fühlte. Manche Menschen sind derart in Gedanken, daß sie nicht mehr hören, was andere sagen. Sie hören nur ihre inneren Zwiegespräche, nicht die Worte anderer Leute.

«Es ist zu einem großen Teil meine Schuld», sagte Margarete. «Wir sind seit einunddreißig Jahren verheiratet, und ich kann meinen alten Groll nicht vergessen. Als ich Karl kennenlernte, wußte ich nicht, daß er verheiratet war, und er sagte mir die Wahrheit erst, als seine Scheidung durch war – nur ein paar Wochen vor unserer Heirat.»

Alter Groll

Margaretes Problem ist typisch für Menschen, die es einfach nicht schaffen, die Vergangenheit loszulassen. Sie war mehr als dreißig Jahre mit Karl verheiratet, und sie hatten zwei Töchter großgezogen. Trotzdem ärgerte sie sich immer noch über das Verhalten ihres Mannes vor mehr als dreißig Jahren. Die Vergangenheit war Teil ihrer Gegenwart.

Ich hatte den Verdacht, daß es Karl nie gelungen war, das Vertrauen zurückzugewinnen, das er vor der Heirat verloren hatte. Obwohl er gut für die Familie gesorgt hatte, obwohl er ein treuer Ehemann und ein guter Vater war, mißtraute Margarete ihm immer noch. Ich fragte mich, wie dieser Mangel an Vertrauen sich auf die finanzielle Situation der beiden auswirkte; aber ich unterdrückte meine Neugier, weil ich Margarete zuerst an die schönen Tage ihrer Ehe erinnern wollte. Schöne Erinnerungen sind das beste Mittel gegen schlechte. Über Geldprobleme redet man am besten auf der Basis gegenseitiger Zuneigung, nicht nach einem Gespräch über alten Groll. Darum fragte ich Margarete: «Wissen Sie noch, wann Sie sich in Karl verliebt haben?»

Ich formulierte die Frage absichtlich so, daß sie romantische und sexuelle Erinnerungen wachrief. Ich wußte, daß ich etwas tun mußte, damit die beiden einander wieder anziehend fanden, und ich wollte wissen, ob noch ein Funken vorhanden war, den ich entfachen konnte.

Der elektrische Arm

Margarete erinnerte sich daran, daß sie Karl beim Tanzen kennengelernt hatte. «Eine Freundin stellte ihn mir vor», sagte sie. «Er fragte mich: ‹Haben wir uns schon einmal gesehen?› Und ich sagte: ‹Mir kommt es auch so vor.› Ich fand ihn ziemlich attraktiv, und ein Bekannter hatte mich versetzt. Also unterhielten wir uns, und es stellte sich heraus, daß wir gemeinsame Freunde hatten.»

«Sie haben wirklich ein gutes Gedächtnis», sagte ich. Dann wandte ich mich Karl zu und fragte: «War ihr Gedächtnis immer so gut?»

«Sie erinnert sich an alle Einzelheiten», sagte Karl.

«Das ist wunderbar», sagte ich.

«Aber nicht für unsere Ehe», gab Margarete zu. «Denn ich erinnere mich auch an ...»

Ich unterbrach sie: «Haben Sie sich an diesem Abend in ihn verliebt?»

Margarete erzählte weiter: «Als ich ihn endlich davon überzeugt hatte, daß ich an diesem Abend wegen meiner Freundin nicht mit ihm ausgehen konnte, legte er einfach den Arm um mich, und es war ein elektrischer Arm.» Sie lachte, und Karl lächelte zärtlich. «Da wußte ich Bescheid», sagte sie. «Ich war schon mit anderen Jungen ausgegangen, aber so etwas hatte ich noch nie gefühlt, was immer es war.» Mit tiefer Stimme fügte sie hinzu: «Dann sagte er: ‹Also, wir sehen uns morgen.›»

Es war mir gelungen, schöne Erinnerungen zu wecken. Ich wußte, daß von der Leidenschaft, die Margarete und Karl zusammengeführt hatte, noch ein Funken übrig war. Aber dann sprach Margarete weiter, und die schöne Erinnerung verflog.

«Damals wußte ich noch nicht alles. Als ich erfuhr, daß ich mit einem verheirateten Mann ausging, war ich entsetzt, und ich habe diesen Schock nie überwunden. Ich würde das alles gerne vergessen. Eine Freundin hat mir geraten, zu meditieren, sobald ich daran denke. Aber es klappt nicht. Ich kann mich nicht konzentrieren.»

Rente

Dann kam Margarete auf Geldprobleme zu sprechen. «Karl ist seit April Rentner», sagte sie. «Wir haben eine gemeinsame Rentenversicherung, und Karl will sich die Versicherungssumme in einem Betrag auszahlen lassen. Dazu braucht er meine Unterschrift. Aber ich werde das nicht unterschreiben. Ich habe ihm gesagt, daß ich das Haus, ein Auto und einen Geldbetrag haben möchte, falls wir uns scheiden lassen. Das sind meine Bedingungen.»

Ich merkte, daß Karl peinlich berührt war. Er hatte sicherlich mit dem Geld gerechnet und Pläne geschmiedet.

Margarete fuhr fort: «Wenn wir uns nicht scheiden lassen, dann unterschreibe ich natürlich. Aber dann will ich nicht, daß er mir mein Zögern vorwirft. Ich hoffe, er trägt es mir nicht nach und wir können eine gute Beziehung haben. Wenn wir zusammenbleiben, soll es auch schön sein.»

Margarete konnte ihre Groll nicht überwinden, aber sie verlangte von Karl, nicht nachtragend zu sein. Der Teil von ihr, der in der Vergangenheit lebte, rechnete mit einer Scheidung, und darum erpreßte sie ihren Mann mit der Versicherung. Der Teil von ihr, der in der Gegenwart lebte, wußte, daß sie mit Karl zusammenbleiben und glücklich sein konnte. Ich mußte ihr helfen, sich von der Vergangenheit zu lösen und in der Gegenwart zu leben.

«Zu Hause reden wir nicht miteinander», fuhr Margarete fort. «Wir gehen beide getrennte Wege. Unsere Beziehung muß einfach besser werden.» Sie wandte sich ihrem Mann zu. «Findest du das nicht auch?»

«Auf jeden Fall!» sagte Karl.

Ich fragte ihn, was sich seiner Meinung nach ändern müsse.

«Einiges», sagte er. «Sie hat nur ein paar Dinge genannt, über die sie nicht hinwegkommt. Aber sie hat nicht erwähnt, daß sie über *nichts* hinwegkommt. Sie droht mir seit zwanzig oder fünfundzwanzig Jahren mit der Scheidung.»

Wer mit Scheidung droht, hat die Macht in einer Ehe. Wenn die Beziehung in ihrer Existenz bedroht ist, stehen alle Aspekte des Ehelebens auf dem Spiel. Die bloße Drohung, sich scheiden zu lassen, leugnet den guten Willen der Partner und gefährdet die Familie. Ich mußte Margarete helfen, ihren Groll zu überwinden, und ich mußte sie dazu bringen, daß sie Karl nicht mehr mit Scheidung drohte.

«Das Problem ist also nicht neu?» fragte ich.

«Nein», sagte Karl. «Sie hat sogar den Kindern schon oft gesagt, daß unsere Ehe dem Ende nahe ist. Ein weiteres Problem besteht darin, daß ich ein ziemlich aktiver Mensch bin. Aber sie ist ungesellig. Wenn sie von der Arbeit nach Hause kommt, geht sie am liebsten ins Bett.»

Ich vermutete, daß die beiden auch kein Sexleben mehr hatten. Sie hatten die typischen Probleme eines Paares im mittleren oder höheren Alter: alter Groll, ein langweiliges Sexualleben und eine emotionale Trennung, die jede Freude am gemeinsamen Leben zerstört. Das alles mußte ich ändern. Ich beschloß, mit dem alten Groll anzufangen.

Verjährung

«Ich möchte jetzt drei Dinge mit Ihnen besprechen», sagte ich. «Erstens: In unserem Recht gibt es eine Bestimmung, die festlegt, wann eine Straftat verjährt. Sie gilt selbst für den schlimmsten Verbrecher. Ich möchte, daß Sie diesen Grundsatz auch in

Ihrer Ehe beherzigen. Befassen Sie sich mit Ihrem Ärger – aber nur mit dem, dessen Ursache nicht länger als sieben Jahre zurückliegt.»

Margaretes Einwand war vorauszusehen. «Die letzten sieben Jahre waren nicht sehr stürmisch», sagte sie. Sie wollte sich nicht mit ihren Problemen befassen, nur weil ich sie dazu aufforderte.

Ich wandte mich an Karl: «Sind Sie dazu bereit?»

«Ich vergesse unsere Auseinandersetzungen immer», sagte er lachend. «Selbstverständlich bin ich einverstanden.»

Margarete unterbrach uns. «Warum sagen wir nicht einfach, wir fangen von vorne an, machen reinen Tisch und beginnen jeden Tag mit einer neuen Beziehung?»

«Warte mal», sagte Karl. «Ich kann es nicht glauben. Meinst du das wirklich ernst?»

«Ja», sagte sie. «Aber wir müssen es beide tun. Nicht nur ich, sondern auch du.»

«Wenn Sie das tun wollen – wunderbar», sagte ich. «Aber während dieser Therapie dürfen Sie sieben Jahre zurückgehen. Das gilt für Sie beide.»

«Das würde mich freuen», sagt Karl und lachte.

«Einverstanden», sagte Margarete. «Wenn ich etwas sagen möchte, muß ich also überlegen, ob es länger als sieben Jahre zurückliegt, und wenn ja, darf ich nicht darüber sprechen?»

«Richtig», sagte ich. «Und Karls Aufgabe ist es, Sie daran zu erinnern.»

«Und ich werde ihn erinnern», meinte sie.

«Genau», bestätigte ich. «Glauben Sie, daß Sie es eine Woche lang schaffen, nicht weiter als sieben Jahre in die Vergangenheit zurückzugehen?»

«Ja», sagte Margarete nachdrücklich.

Geheimnisse um das Geld

Als nächstes mußte ich mich um die Rentenversicherung kümmern. Solange Margarete nicht unterschrieb, demütigte sie ihn, und das war mit einer guten Ehe unvereinbar. Ich vermutete, daß sie Geheimnisse hatte, was ihre eigenen Finanzen betraf, und beschloß, diesem Verdacht nachzugehen.

Also sagte ich: «Mir scheint, wir sollten eine ganze Sitzung für die finanziellen Angelegenheiten reservieren.»

Wie ich erwartet hatte, war Margarete anderer Meinung. «Warum?» sagte sie. «Dafür gibt es keinen Grund.» Sie wollte also nicht darüber reden, was sie mit dem Geld machte, das sie als Kunstlehrerin verdiente.

Ich erklärte: «Sie wollen doch beide die finanzielle Situation klären. Das geht am besten, wenn Sie sich hinsetzen, die Karten auf den Tisch legen und alles durchsprechen.»

Karl sagte: «Ich habe es schon lange aufgegeben, irgendwelche Ansprüche auf ihr Einkommen zu erheben. Eine Zeitlang habe ich mich darüber geärgert, aber das eigentliche Problem ist diese Versicherung.»

Margarete ignorierte Karls Bemerkung und sagte zu mir: «Ich habe zur Zeit zu viele Schulden bei Kaufhäusern.» Genau das hatte ich vermutet.

«Sind Sie bereit, das alles offenzulegen?» fragte ich. «Ich möchte herausfinden, was Sie beide haben, und dafür eine Sitzung opfern.»

Karl warf ein: «Wenn die Sache mit der Versicherung nicht bis Freitag geklärt ist, gibt es noch mehr ...»

Margarete unterbrach ihn: «Ich werde unterschreiben, okay?»

Karl war verblüfft. «Sag das noch mal!»

«Ich sagte, ich werde unterschreiben. Ich merke, daß du unsere Beziehung wirklich verbessern willst.»

Karl sah sie mit offenem Mund an. Er war glücklich.

Ich sagte: «Warum stehen Sie nicht auf, umarmen Ihre Frau und bedanken sich bei ihr?»

Er erhob sich, nahm sie in die Arme und küßte sie zärtlich.

Margarete sagte: «So, jetzt darfst du mir aber nicht mehr böse sein für das, was du wegen mir durchgemacht hast.»

Karl stimmt freudig zu.

«Was mein ist, ist mein, und was dir gehört, gehört mir auch»

In jeder Ehe gibt es stillschweigende Abmachungen, die mit dem Geld zu tun haben. Selbst wenn die Partner nie offen darüber reden, wie sie mit dem Geld umgehen, stellen sie mit der Zeit Regeln auf, die schwer oder gar nicht zu ändern sind.

Am stabilsten ist eine Ehe, wenn die Partner einander ergänzen. Das bedeutet, daß der Mann und die Frau in finanziellen Angelegenheiten verschiedene Regeln befolgen. Sie sind also nicht gleich.

In einer traditionellen Ehe arbeitet der Mann und läßt sich sein Gehalt auf ein Bankkonto überweisen, und die Frau verfügt über das Geld. Sie gibt es für den Haushalt und die Kinder aus, bezahlt Rechnungen und entscheidet, wie das Geld verwendet wird. Jeder Partner hat seinen eigenen Verantwortungsbereich und seine eigenen Machtbefugnisse. Er hat Macht als Ernährer der Familie, sie hat Macht über die Ausgaben und die familiären Beziehungen. Jeder ist auf den anderen angewiesen, und das stärkt die Ehe.

Eine stabile Ehe muß allerdings nicht gut sein. Vielleicht sind die Partner sogar unglücklich, können sich aber nicht trennen, weil sie einander brauchen. Karl und Margarete führten eine stabile, aber unbefriedigende Ehe. Sie ergänzten einander auf eine besondere Weise. Beide arbeiteten und verdienten Geld. Insofern waren sie gleich. Aber Karl gab Margarete sein Geld und sorgte dadurch für die Familie und den Haushalt. Margarete behielt ihr Geld für sich. Ihr Geld gehört ihr, und Karls Geld gehörte ihr auch.

Die Ehe geriet ins Wanken, als Margarete sich weigerte, ein wichtiges Dokument zu unterzeichnen. Das war für Karl der letzte Tropfen. Er war bereit, ihr alles zu geben; aber er wollte das Sagen haben, wenn es um eine Versicherung ging, für die er viele Jahre lang die Prämien bezahlt hatte. Als Margarete versprach, das Formular zu unterschreiben, waren die Partner bereit, wieder wie bisher zusammenzuleben und einander zu ergänzen. Meine Aufgabe war es, ihnen zu einer glücklicheren Beziehung zu verhelfen, wobei ihre Regeln für den Umgang mit Geld sich nicht unbedingt ändern mußten. Meiner Ansicht nach sollte ein Therapeut nichts ändern, was ein Paar gar nicht ändern will.

Der Strom wird eingeschaltet

Da ich mich ein paar Minuten allein mit Karl unterhalten wollte, bat ich Margarete, ins Wartezimmer zu gehen. Dann sagte ich zu Karl: «Ich finde, sie sollte Ihren elektrischen Arm wieder spüren. Vorhin haben Sie gesagt, daß sie gleich ins Bett geht, wenn sie nach Hause kommt. Vielleicht ist das eine Aufforderung an Sie!»

«Ich weiß nicht», sagte Karl. «Sie beklagt sich, weil wir keinen Sex mehr haben. Aber wenn ich Sex will, sagt sie, sie hätte keine Lust.»

Ich blieb hartnäckig. «Trotzdem habe ich den Eindruck, daß sie sich nach dem elektrischen Arm sehnt, von dem sie gesprochen hat, von dem Arm, der sie damals so elektrisiert hat. Wie wäre es, wenn Sie Ihren Strom wieder einschalten würden?»

«Versuchen kann ich es ja. Aber sie sagt: ‹Ich kann keinen Sex mit dir haben. Es ist schon so lange her. Ich bin sicher, du holst es dir bei anderen. Und dann AIDS und all das andere Zeug.›»

«Ich weiß, da ist eine Leidenschaft, die wieder angefacht werden muß», beharrte ich. «Ich weiß, daß sie da ist – sie schläft nur.»

Ich erkannte, daß Karl allein diese Leidenschaft nicht wekken konnte. Darum beschloß ich, auch mit Margarete allein zu reden und auf sie einzuwirken. Zunächst fragte ich sie, wie die Liebe zwischen ihr und ihrem Mann wiederbelebt werden könne.

Sie sagte: «Ich möchte jetzt mal ganz persönlich werden. Wir haben seit fast zwei Jahren keinen Sex mehr gehabt. Ich kann nicht beweisen, daß er sich mit einer anderen Frau eingelassen hat, aber manchmal hatte ich den Verdacht. Ich glaube einfach nicht, daß ein Mann es drei Jahre lang ohne Sex aushält. Wie dem auch sei, es ist so lange her, und ich will kein AIDS bekommen oder dergleichen. Darum kann ich nie mehr Sex mit ihm haben.»

«Schauen Sie», sagte ich, «ich mache mir Sorgen, weil ich sehe, daß Sie einen großartigen Mann haben. Er hat Sie in jeder Hinsicht unterstützt – finanziell, seelisch, mit den Kindern. Er ist ein Beschützer und Ernährer. Aber kaum sind Sie aus dem Haus, schnappt ihn sich eine andere Frau – glauben Sie das wirklich?»

«Einige Freundinnen haben es mir gesagt.»

«Ihr Problem ist doch, die alte Zärtlichkeit neu zu entfachen, das Verlangen, das sein Arm einmal auslöste ...»

Margarete unterbrach mich: «Ich könnte ja etwas kochen, was er mag. Zur Zeit koche ich nie für ihn.»

«Was würden Sie für einen romantischen Abend kochen?»

«Oh, er ist nicht anspruchsvoll – er ißt alles, wissen Sie.»

«Würden Sie Kerzen auf den Tisch stellen?»

«Das habe ich noch nie getan – aber warum nicht?»

«Wollen Sie es noch diese Woche machen?»

«Tja, ich weiß nicht. Unsere Beziehung gründet auf Geld, nicht auf Liebe. Wenn ich dieses Schriftstück nicht unterschreibe, läßt er sich von mir scheiden.»

«Ich bin ganz sicher, daß er Sie liebt», sagte ich.

«Glauben Sie das wirklich? Woher wissen Sie es?»

«Ich bin davon überzeugt! Und ich glaube, er wäre sehr erschüttert, wenn Sie ihn verlassen würden. Das könnten Sie nicht mehr reparieren. Überraschen Sie ihn mit einem Essen bei Kerzenschein. Glauben Sie, daß Sie ihn verführen könnten?»

«Wahrscheinlich schon», sagte Margarete. «Aber was nützt es mir?»

«Sie brauchen das, was dann kommt!»

Sie lachte.

«Nämlich ihn und seine Elektrizität», ergänzte ich.

«Seine Elektrizität ist weg», sagte sie.

«Ich glaube, Sie sind charmant genug, um sie neu zu beleben. Wann werden Sie es versuchen?»

«Warten Sie ... Ich weiß nicht einmal, ob er AIDS hat. Er könnte einen Test machen, aber das dauert eine Weile. Warum sollte ich das alles tun, wenn ich auf den letzten Schritt verzichten wollte?»

«Da haben Sie recht! Nun, Sie könnten in eine Apotheke gehen und tun, was jüngere Frauen tun würden. Kaufen Sie drei oder vier Kondome in verschiedenen Farben, und lassen Sie ihn wählen.»

Margarete lachte. «Ich fürchte, das wäre mir peinlich.»

«Sie müssen es tun, um den Strom einzuschalten.»

Sie lachte erneut. Jetzt war sie wirklich verlegen.

«Sie können auch eine Ihrer Töchter bitten, die Kondome zu kaufen. Für eine junge Frau ist das kein Problem.»

«Eine von ihnen ist verheiratet», sagte sie. «Die könnte ich fragen.»

«Und nach dem Essen bei Kerzenlicht bitten Sie Ihren Mann, sich eine Farbe auszusuchen. Das wird lustig!»

«Er wird bestimmt sagen: ‹Na, du hast Nerven!› Es ist schon so lange her. Vielleicht hat er sogar ein gesundheitliches Problem. Vor ein paar Jahren habe ich eine Arztrechnung gesehen, darauf stand etwas über ein Problem mit der Prostata.»

«Einerlei, was passiert – es kann ein amüsanter Abend werden. Haben Sie ein Negligé?»

«Ja.»

«Können Sie das alles als Überraschung für ihn arrangieren?»

«Das schaffe ich schon. Ich muß nur einkaufen, was ich brauche, etwas kochen, den Tisch decken, die Kerzen anzünden und das Negligé anziehen. Das ist keine große Sache!»

«Gut!» sagte ich. «Wir sehen uns nächste Woche.»

Ein Neubeginn

Als die beiden zu ihrer nächsten Sitzung kamen, sagte Margarete: «Diese Woche war wundervoll. Wir haben geredet. Es ist zu schön, um wahr zu sein!»

Karl stimmte ihr zu.

Margarete lachte, als sie an den vergangenen Abend zurückdachte. Sie hatte das Essen bei Kerzenlicht vorbereitet, und als Karl nach Hause kam, sagte er: «Bin ich im richtigen Haus? Ist das die Margarete, die ich kenne?»

Die meisten Paare, die seit vielen Jahren zusammensind, stehen vor dem Problem, wie sie erneut Anziehungskraft aufeinander ausüben und ihr Interesse am Sex wecken können. Karl und Margarete gingen so vor:

1. Sie schlossen einen Kompromiß über das Thema «Geld». Margarete unterschrieb das Formular für die Versicherung, und Karl fragte sie nicht, was sie mit ihrem Geld machte.
2. Sie einigten sich über die «Verjährung» und strichen etwa fünfundzwanzig Jahre voller Groll aus ihrem Gedächtnis.
3. Margarete verführte Karl, und sie nahmen ihre sexuelle Beziehung wieder auf.

Wie ein älteres Paar seine Ehe verbessern kann

Häufige Probleme von Paaren im mittleren oder höheren Alter sind alter Groll, ein langweiliges Sexualleben, unfaire finanzielle Abmachungen, fehlende gesellschaftliche Kontakte und jener Zustand, der oft einer seelischen Scheidung gleichkommt. Ein Paar oder einer der Ehepartner kann jedoch einiges tun, um die Lage zu verbessern. Die einzelnen Schritte unterscheiden sich deutlich von denen eines jüngeren Paares.

Entzünden Sie das Feuer

Der erste Schritt besteht darin, daß die Partner die Leidenschaft, die sie früher füreinander empfunden haben, teilweise neu entfachen. Ein Gespräch kann dazu beitragen. Unterhalten Sie sich darüber, wie Sie sich kennengelernt haben, was Sie am anderen anziehend fanden, wie Sie sich verliebten. Schon ein solches Gespräch bringt einen Funken der alten Gefühle zurück.

Achten Sie darauf, daß Sie Ausdrücke und Sätze benutzen, die Zuneigung und Leidenschaft ausdrücken und die Sie später benutzen können, um solche Gefühle erneut auszulösen. Eine Frau sagte beispielsweise zu ihrem Mann: «Als du mich zum erstenmal umarmt hast, warst du wie ein großer, warmer Teddybär.» Er behielt diese Worte im Gedächtnis und benutzte sie immer wieder, um sie daran zu erinnern, daß sie sich liebten. Er sagte zum Beispiel: «Ich glaube, dein Teddybär muß dich wieder mal in den Arm nehmen.» Der Teddybär wurde zur Metapher ihrer Liebe und Leidenschaft.

Respektieren Sie die Verjährung

Sie und Ihr Partner können alten Groll überwinden, wenn Sie das Prinzip der Verjährung respektieren. Das bedeutet, daß Sie keinen Groll und keine Vorwürfe erwähnen oder ausdrücken dürfen, deren Wurzel mehr als sieben Jahre zurückreicht. Das schließt Mißbrauch von Geld, Affären, Seitensprünge und alles andere ein. Es ist wichtig, daß Sie sich auf die Probleme der vergangenen sieben Jahre konzentrieren und alles beiseite lassen, was vorher geschehen ist.

Sollte ein Partner diese Regel mißachten, darf der andere ihn darauf hinweisen. Dann ist jeder Partner, der über alten Groll reden will, gezwungen, darüber nachzudenken, um welches Jahr es geht. Das ist ziemlich lästig und dämpft das Interesse an «alten Geschichten».

Wenn Sie seit zwanzig oder dreißig Jahren verheiratet sind, hat sich möglicherweise eine Menge alter Groll angesammelt, der alle Versuche, einander näherzukommen, erschwert. Die «Verjährungsfrist» von sieben Jahren gibt Ihnen einen Zeitrahmen, mit dem Sie besser umgehen können. Das ist auch besser als der Versuch, von vornherein «die ganze Vergangenheit zu vergessen» und nur noch an die Gegenwart und an die Zukunft zu denken – die meisten Paare finden das zu extrem. Allerdings kommt es oft vor, daß Paare, die immer wieder an die Verjährung denken müssen, sich eines Tages für einen Neubeginn entscheiden und alles Vergangene streichen.

Finanzplanung

Jedes Paar braucht einen Finanzplan. Sie müssen ihre Finanzen auf faire Weise ordnen. Das sollten auch junge Paare tun, aber bei älteren Paaren ist es noch wichtiger, weil ihre Finanzprobleme meist komplizierter sind.

Es ist schwierig, in einer Ehe glücklich zu sein, wenn die Partner wegen ungelöster Finanzprobleme wütend aufeinander sind. Beide Partner sollten eine gemeinsame Vorstellung davon haben, was sie als Ehepaar und Familie erreichen wollen. Das schließt auch materielle Bedürfnisse und Wünsche ein.

Neues Interesse am Sex

Wenn die finanziellen Probleme wenigstens so weit gelöst sind, daß die Partner übereinstimmen und zusammenarbeiten, können sie damit beginnen, ihr Sexualleben wiederzubeleben. Experimentieren Sie, versuchen Sie, den Partner auf ungewöhnliche, lustige Weise zu verführen. Empfangen Sie Ihren Mann an der Haustür – nur mit einer Küchenschürze bekleidet. Laden Sie Ihre Frau in ein Hotel ein, wo Sie zusammen ein Bad im Whirlpool nehmen können. Reagieren Sie verspielt auf Einwände oder Zögern, aber auch auf Ihre eigene Furcht vor Zurückweisung. Denken Sie an das Vertrauen und die Liebe, die Sie einst füreinander empfunden haben. Überlegen Sie, wieviel Sie im Laufe der Jahre in Ihren Partner investiert haben. Wollen Sie dieses «Kapital» wirklich verlieren?

Die letzten sieben Jahre

Diskutieren Sie über die letzten sieben Jahre (denken Sie an die Verjährung!). Was war das Schlimmste, was Sie einander angetan haben? Wie schlimm ist Ihre Situation jetzt, nüchtern und vernünftig betrachtet? Wenn Sie einander weh getan haben, sollten Sie es zugeben, jedoch ohne das Gute zu leugnen, das Sie getan haben. Grollen Sie dem Partner wegen belangloser Vorkommnisse? Auch das müssen Sie einsehen. Sie können auch überlegen, was andere Ehepartner einander angetan haben, und deren Situation mit der Ihren vergleichen. Haben Sie nicht Grund genug, einander zu gratulieren, weil Ihre Missetaten relativ geringfügig waren?

Die Zukunft

Reden Sie auch über Ihre Zukunftspläne – Spaß, Urlaub, vielleicht zweite Flitterwochen. Versprechen Sie einander, daß Sie nie wieder mit Scheidung drohen. Sie können nicht miteinander Spaß am Leben haben, wenn einer von Ihnen mit Scheidung droht.

Denken Sie daran, daß Sie tief im Inneren noch die Liebe und die Leidenschaft füreinander empfinden, die Sie als junge Menschen empfunden haben, und daß sich daran nie etwas ändern wird. Wenn Sie Ihrem Partner grollen, so ist das in Wirklichkeit eine Bitte um Liebe. Die angemessene Antwort auf Groll ist Liebe, so wie junge Paare auf eine Provokation oft mit Humor und Spiel anstatt mit Feindseligkeit reagieren. Planen Sie Ihre Finanzen sorgfältig und fair, und legen Sie gemeinsam finanzielle Ziele fest. Ärgern Sie sich nicht mehr darüber, wie Sie oder der Partner früher mit Geld umgegangen sind, und benutzen Sie das Geld nicht als Druckmittel. Wenn Geld eine Ehe zusammenhält, wird das Band der Liebe schwächer oder es zerreißt.

Geld kann bisweilen Groll auslösen, der lange anhält, aber es kann auch positive Wirkungen ausüben. Im nächsten Kapitel besprechen wir einige ungewöhnliche Methoden, Schwierigkeiten mit Geld zu überwinden.

Kapitel 10

Geld als Rettungsanker

Die meisten Menschen leiden irgendwann unter schlechten Angewohnheiten – sie rauchen, essen zuviel, bewegen sich zuwenig oder sind arbeitswütig. Wenn Sie ein Problem dieser Art haben, kann Geld Ihnen helfen, die Situation zu ändern.

Manchmal gehen uns Menschen, die wir lieben, auf die Nerven. Vielleicht schadet der Partner sich oder der Ehe durch ein bestimmtes Verhalten. Wenn Sie es satt sind, ihn (oder die Kinder) um etwas anzuflehen, könnte «ein Angebot, das keiner abschlagen kann» Ihr Rettungsanker sein.

Wir haben erörtert, wie destruktiv Geld sein kann. Aber es läßt sich auch konstruktiv verwenden. Sie können damit sich selbst und anderen helfen, schwierige Probleme zu lösen.[1] Wenn Ihr Partner ein destruktives Verhalten an den Tag legt, können Sie seine Persönlichkeitszüge mit dem unerwünschten Verhalten verknüpfen, damit er sich ändert. Das Bindeglied ist Geld.

Geldtricks

Es wäre schön, wenn die Menschen sich aus Einsicht oder Liebe ändern würden. Aber das ist selten der Fall. Wir ändern uns nicht gern, aber Geld macht es uns ein wenig leichter, wenn wir es geschickt einsetzen. Wir sehnen uns nach einem harmonischen Leben, doch dieser Wunsch wird nur selten erfüllt. Geld kann unsere Chancen verbessern.

Geldbußen

Wenn Familienmitglieder nicht tun, was sie tun sollen, sind Geldbußen nützlich. Manche Eltern verlangen solche Geldbußen von ihren Kindern, wenn sie nicht im Haushalt helfen, schlechte Noten bekommen oder miteinander streiten. Daß ein Ehepartner dem anderen eine Geldbuße auferlegt, ist ungewöhnlich, aber möglich.

Joe, der Mann meiner Freundin Betty, war herzkrank. Er sollte regelmäßig trainieren und bestimmte Speisen meiden. Betty erinnerte ihn jeden Tag an seine Übungen, kaufte keine fetten Nahrungsmittel und bat ihn, besser auf sich achtzugeben. Aber Joe hatte keine Lust, zu trainieren, und er liebte gutes Essen und Restaurants. Vor allem aß er gerne Sahne und Zucker. Er behauptete, er könne aus einem rätselhaften biologischen Grund der Versuchung nicht widerstehen, Kekse und andere Süßigkeiten zu naschen, und aus demselben Grund habe er nicht genug Willenskraft, um zu trainieren.

Betty war es satt, ihn ständig zu bitten und sich Sorgen zu machen. Auch Drohungen nützten nichts, nicht einmal die Drohung, ihn zu verlassen.

Eines Tages probierte sie eine neue Taktik. Sie lud Joe in ein schickes Restaurant ein, und als sie sein Lieblingsgericht aßen, sagte sie, sie wolle ihm einen Vorschlag machen, und sie werde ihm nie wieder auf die Nerven gehen, wenn er den Vorschlag annehme.

Joe war neugierig, vor allem weil sie versprach, ihn künftig nicht mehr mit Ermahnungen zu belästigen. Also bat er sie, ihren Vorschlag zu erläutern.

«Ich habe eingesehen, Joe», sagte Betty, «daß du mit deinem Leben machen darfst, was du willst, erst recht, wenn du solche Sorgen hast. Niemand sollte dir etwas vorschreiben.»

Joe traute seinen Ohren nicht.

«Andererseits», fuhr sie fort, «macht dein Verhalten mich sehr traurig. Wenn du so weitermachst, werde ich bald Witwe sein. Du mußt mir helfen, damit ich mir nicht mehr so große Sorgen mache.»

«Natürlich werde ich versuchen, dir zu helfen», versicherte Joe. «Was schlägst du denn vor?»

Betty erinnerte ihn daran, daß sie gerne hübsche Sachen für sich und ihre Töchter kaufte. «Geld ist für mich ein gutes Beruhigungsmittel», sagte sie.

«Das weiß ich», sagte Joe.

«Und du hast eben versprochen, mir zu helfen und meine Sorgen zu lindern.» Sie schlug ihm vor, ihr jedesmal, wenn er gegen seine Diätvorschriften verstoße, einen bestimmten Geldbetrag zu zahlen, den sie nach Belieben ausgeben durfte. «Also, legen wir fest, was ein Leckerbissen dich kostet.»

Joe war verdutzt. Nach langem Feilschen einigten sie sich darauf, daß er ihr für jeden Keks, den er aß, eine Mark zahlen würde. Ein Eßlöffel Butter kostete zwei Mark, ein Stück Fleisch fünf Mark, eine Tasse Kaffee zwei Mark fünfzig und so weiter. Und für jeden Tag ohne seine zwanzig Minuten auf dem Laufband mußte er ihr zwanzig Mark geben.

Mit verträumtem Blick sprach Betty von den Kleidern, die sie sich mit all dem Geld kaufen würde. «Ich habe ernsthaft daran gedacht, mich von dir scheiden zu lassen», sagte sie. «Aber ich glaube, so ist es besser.»

«Du wolltest mich wirklich verlassen?» fragte Joe.

«Ja», sagte sie. «Ich konnte es nicht mit ansehen, wie du dich zu Tode ißt. Aber ich schätze, alles hat seinen Preis, und das Geld wird mich trösten.»

«Du brauchst mich nicht zu verlassen, und ich werde dir nichts bezahlen müssen», verkündete Joe. «Weil ich nichts von diesen Dingen essen werde.»

Aber in den nächsten paar Wochen mußte er bezahlen. Mal

versäumte er sein Training, mal aß er eine Schachtel Kekse. Betty achtete streng darauf, daß er seine Buße zahlte. Doch bald überlegte er es sich zweimal, bevor er sündigte. Er begann, sich richtig zu ernähren, und änderte schließlich seine Lebensweise.

Honorare für den Ehepartner

Gordon und Joyce hatten jahrelang Therapeuten konsultiert, weil sie Eheprobleme hatten. Sie waren beide erfolgreiche Freiberufler, aber von ganz verschiedener Herkunft. Er war ein Jude aus New York, sie war Protestantin und in einer englischen Kleinstadt aufgewachsen. Seit über zwanzig Jahren führten sie eine stürmische Ehe. Ich war die letzte Therapeutin, mit der sie es versuchen wollten. Wenn es mir nicht gelingen würde, ihren Streit beizulegen, wollten sie sich scheiden lassen.

Die beiden hätten nicht unterschiedlicher sein können. Er liebte Parties, sie haßte Parties. Er reiste gerne, sie wollte zu Hause bleiben. Er war spontan, sie schätzte sorgfältiges Planen. Gordon arbeitete abends lange und war oft auf Geschäftsreisen. Joyce war Beraterin und verbrachte die meiste Zeit zu Hause.

«Was mich an Gordon am meisten ärgert», sagte Joyce, «sind einige Eigenheiten, die ich weder verstehen noch verzeihen kann. Er kommt zum Beispiel immer zu spät.»

«Sie muß immer zu früh da sein», warf Gordon ein.

Mir war aufgefallen, daß Joyce zwanzig Minuten zu früh zu unserer Verabredung gekommen war und daß Gordon sich zehn Minuten verspätet hatte.

«Wenn ich ihn daheim zum Essen erwarte», fuhr Joyce fort, «kommt er unweigerlich eine halbe Stunde zu spät. Auch wenn wir uns in einem Restaurant, im Kino, auf einer Party oder auf der Straße treffen wollen, kommt er immer zu spät.»

Im Laufe der Jahre hatte Joyce sich immer hilfloser gefühlt, wie Gordons Spielball, und sie hatte ihm mehrfach mit Scheidung gedroht. Gordon ärgerte sich selbst über seine Unpünktlichkeit, behauptete aber, er sei unfähig, sich zu ändern.

Joyce wollte ihr Klagelied fortsetzen, doch ich unterbrach sie. «Ich möchte gerne mit der Unpünktlichkeit anfangen.»

«Sie müssen verstehen», verteidigte sich Gordon, «daß meine Arbeit keinen genauen Zeitplan zuläßt. Viele Konferenzen dauern länger als erwartet, und wichtige Anrufe kommen dazwischen. Ich kann gar nicht pünktlich sein.»

«Wir werden sehen», sagte ich. «Ich glaube, ich habe eine Lösung für Sie, wenn Sie tun, was ich sage.»

Er willigte zögernd ein.

Ich erklärte ihm, er müsse jedesmal, wenn er zu spät komme und seine Frau zu Hause auf ihn warte, für jede Minute eine Mark zahlen. Wenn sie bei anderen Leuten, im Restaurant und so weiter auf ihn warten mußte, erhöhte sich der Betrag auf zwei Mark pro Minute. Wenn sie auf der Straße wartete, sollte sie drei Mark pro Minute bekommen, und wenn es regnete, schneite oder kalt war, betrug die Strafe fünf Mark je Minute Wartezeit. Er würde immer Bargeld bei sich haben müssen, weil er jedesmal bar zu zahlen hatte. Schecks oder Schulden waren nicht erlaubt.

Joyce durfte das Geld, das sie auf diese Weise verdiente, nur für sich selbst ausgeben, nicht für den Haushalt oder die Kinder. Das gefiel ihr.

Seither hat Joyce sich nie wieder bei mir über Gordons Unpünktlichkeit beklagt. Wenn er sich verspätete, bezahlte er anstandslos, und ich hatte den Verdacht, daß sie ihn ermutigte, unpünktlich zu sein. Im Grunde habe ich nie erfahren, ob er pünktlicher wurde oder ob seine Unpünktlichkeit aufhörte, ein Problem zu sein.

Nun wandte ich mich einem anderen Streitpunkt zu. Gordons Beruf brachte ein geselliges Leben mit sich. Er mußte Leute zum Essen ausführen und an Parties und anderen Veranstaltungen teilnehmen. Joyce verabscheute das alles. Meist weigerte sie sich, mit ihm und seinen Kollegen auszugehen, und wenn sie mitging, war sie oft schlechter Laune. Er fühlte sich ungerecht behandelt und war enttäuscht, weil er ihre Intelligenz bewunderte und mit seiner Frau ein wenig angeben wollte. Sie hatten sich über dieses Problem heftig und verbittert gestritten.

«Wieviel verlangen Sie als Beraterin?» frage ich Joyce. «Rechnen Sie nach Stunden ab?»

«Ja», sagte sie, «hundertachtzig Mark pro Stunde.»

«Gordon», sagte ich, «ich glaube, Sie können dieses Problem lösen. Ich verstehe, wie wichtig es für Sie ist, daß Joyce Sie zu bestimmten Veranstaltungen begleitet. Also zahlen Sie ihr ein Honorar, wenn sie mitgeht.» Gordon sah mich verblüfft an. «Abzüglich eines kleinen Rabattes», fügte ich hinzu, «denn Sie sind schließlich ihr Mann. Ich finde, hundert Mark pro Stunde wären angemessen.» Joyce war interessiert. «Wenn sie zu einem Abendessen mitgeht», fuhr ich fort, «oder zu einer Party›, zahlen Sie ihr also hundert Mark in der Stunde.»

Ich wandte mich an Joyce. «Da Sie ein Honorar bekommen, müssen Sie sich auch entsprechend benehmen. Sie werden höflich und aufmerksam zu den Leuten sein, die Sie treffen. Sie werden sich die größte Mühe geben, interessante Gespräche mit ihnen zu führen. Sie werden alle ebenso zuvorkommend behandeln wie Ihre Klienten.»

«Zählt die Fahrtzeit mit?» fragte Joyce und überraschte mich mit dieser Frage. Offensichtlich gefiel ihr die Idee. «Manchmal muß er eine Stunde auf der Autobahn fahren. Ich sollte für das Herumsitzen im Auto etwas bekommen.»

«So viel Geld habe ich nicht», beklagte sich Gordon. «Ich zahle schon für meine Unpünktlichkeit. Jetzt soll ich sie dafür bezahlen, daß sie mit mir essen geht. Bald bin ich pleite!»

«Das glaube ich nicht», entgegnete ich. «Ich denke, es ist eine faire Abmachung. Sie sind derjenige, der Joyce dabeihaben will.

Was die Fahrtzeit betrifft, so halte ich vierzig Mark pro Stunde für angemessen.»

Joyce war einverstanden, und auch Gordon akzeptierte den Vorschlag. Von da an waren gesellige Anlässe kein Problem mehr für das Paar. Allerdings hörte ich Gordon ab und zu etwas in den Bart hineinbrummen – ich glaube, es ging darum, was ich ihn unter dem Strich kosten würde.

Verhindern Sie Sabotage

Neil war der Therapeut eines zwölfjährigen Jungen namens Josh, der seine Mutter ständig wüst beschimpfte. Er unterhielt sich mit den Eltern und empfahl ihnen, Verhaltensregeln für Josh aufzustellen und ihn bei Verstößen zu bestrafen. Aber die Eltern hielten sich nicht an die Absprache.

Neil erkannte, daß der Vater seine Bemühungen sabotierte. Er hatte den Verdacht, daß der Junge aussprach, was der Vater dachte. Dennoch mußte das Problem gelöst werden, damit die Verhaltensstörung des Jungen sich nicht verschlimmerte und die Mutter immer wütender wurde.

Neil sagte dem Vater, er verlange nur eines von ihm: Jedesmal, wenn der Junge seine Mutter beschimpfte, mußte der Vater ihm zwei Mark geben. Weitere Erklärungen gab Neil nicht. Der Vater war beschämt, aber die Beschimpfungen hörten auf.

Schieben Sie nichts auf die lange Bank

Marie kam zur Therapie, weil es ihr enorm schwerfiel, ihre Dissertation zu schreiben. Sie wollte an einer europäischen Universität promovieren, fand aber alle möglichen Ausreden, um nicht an ihrer Dissertation arbeiten zu müssen. Das war für sie einfach, weil sie Journalistin war. Ich hatte Verständnis für ihr Problem und stellte ihr Fragen über ihre Familie, ihre Freunde, das Leben in Europa und das Verhältnis zu ihren Geschwistern.

Marie erzählte, sie habe eine Stiefschwester in Europa, die sie überhaupt nicht leiden könne. Ich wechselte das Gesprächsthema und fragte sie, wie viele Seiten am Tag sie schreiben sollte. Es waren vier.

Ich sagte Marie, es gebe eine Lösung für ihr Problem, die ihr vermutlich nicht gefallen werde. Aber sie wußte, wie wichtig der Doktortitel für sie war.

«Jedesmal, wenn Sie an einem Tag nicht vier Seiten schreiben», erklärte ich, «stellen Sie einen Scheck über achtzig Mark aus und schicken ihn mit ein paar netten Worten an Ihre Schwester: ‹In Liebe, deine Marie› oder ‹Ich denke an dich!›»

Marie sagte, das sei das letzte, was ihr in den Sinn gekommen wäre, und fing sofort an, über Ausnahmen zu verhandeln. Ich war damit einverstanden, daß eine internationale Krise, über die sie berichten mußte, nicht zählte. Sie sollte nicht gezwungen sein, im Flugzeug oder während einer Reportage zu schreiben.

Die Dissertation war in wenigen Monaten fertig, und die Schwester bekam nie einen Scheck.

Sie können sich leichter ändern, wenn Sie Menschen, die Sie lieben, Geld geben – und noch leichter, wenn Sie Menschen bezahlen müssen, die Sie nicht mögen.

Selbsterniedrigung

Pauline war eine attraktive, erfolgreiche Managerin, die einen starken, belastbaren Eindruck machte, aber unter Unsicherheit und Selbstzweifeln litt. Seit Jahren machte sie Therapien und klagte über ihre geringe Selbstachtung, die sie darauf zurückführte, daß sie als Kind von der Mutter geschlagen worden war.

Ihr erster Mann hatte sie verlassen, und sie hatte später einen Junggesellen im mittleren Alter geheiratet. Bald darauf wurde ihr Mann entlassen und weigerte sich, Arbeit zu suchen. Er lehnte auch Sex mit Pauline ab, obwohl er ihr gelegentlich zeigte, daß er immer noch Erektionen haben konnte.

Pauline machte ihr geringes Selbstwertgefühl für ihre mißglückten Ehen verantwortlich. Als sie mich konsultierte, versuchte ich ihr zuerst klarzumachen, was auf der Hand lag: daß sie intelligent, gutaussehend und erfolgreich war und viel Geld verdient hatte. Sie entgegnete, das alles bedeute ihr nichts. Sie war nichts weiter als eine mißbrauchte Frau mit geringer Selbstachtung, die sich oft mit ihrem Mann stritt. Dabei stießen sie einander herum, zogen sich an den Haaren und beschimpften sich. Er war ein kräftiger Mann, und darum bekam sie die blauen Flecken ab.

«Warum bleiben Sie bei diesem Mann?» fragte ich sie. «Er mißhandelt Sie, er verweigert Ihnen Sex, und er ist faul. Ohne ihn ginge es Ihnen besser!»

«Ich weiß», sagte sie. «Aber ich kann ihn nicht verlassen. Ich bin zu unsicher. Ich fühle mich nutzlos.»

Ich half Pauline, Streit mit ihrem Mann zu vermeiden, und die verbalen und körperlichen Mißhandlungen hörten auf. Aber er lehnte immer noch Sex ab und wollte sich keine Arbeit suchen. Pauline klagte immer noch darüber, daß sie eine mißbrauchte Frau mit Minderwertigkeitsgefühlen sei. Dennoch war sie beruflich erfolgreich und wurde sogar befördert.

Eines Tages sagte ich zu ihr: «Ich bin es satt, Ihre Klagen über Mißbrauch und Minderwertigkeit zu hören. Das hat nichts mit der Realität zu tun. Denken Sie einmal darüber nach, was Mißbrauch wirklich bedeutet. Wenn Sie das begriffen habe, werden Sie mit Ihren lächerlichen Behauptungen aufhören. Ich möchte, daß Sie folgendes tun: Jedesmal, wenn Sie sich länger als dreißig Sekunden mit dem Gedanken beschäftigen, sie würden mißbraucht oder Sie seien wertlos, stellen Sie einen Scheck über hundert Mark aus und schicken ihn sofort an ein Frauenhaus. Wenn

Sie sich diesen Phantasien erneut hingeben, erhöht sich der Betrag auf hundertfünfzig Mark und so weiter. Ihre negativen Gedanken kosten Sie dann so viel Geld, daß Sie hoffentlich Ihr Bestes tun, um sie loszuwerden. Und wenn Sie es nicht schaffen, haben Sie wenigstens Frauen geholfen, die wirklich mißbraucht werden.»

Pauline begann, Schecks an ein Frauenhaus zu schicken – so viel, daß sie mir die Summe nicht sagen wollte. Doch eines Tages fiel mir auf, daß wir nicht mehr über ihr geringes Selbstwertgefühl sprachen. Zu meiner Überraschung teilte Sie mir mit, sie sei ausgezogen und habe sich von ihrem Mann getrennt.

Die meisten Menschen gehen sorgsam mit Geld um. Sie wollen nicht zuviel ausgeben und keine Schulden machen. Manchmal kann es jedoch sinnvoll sein, scheinbar zuviel Geld auszugeben, um unerwünschte Verhaltensweisen loszuwerden. Geld kann also eine ausgleichende Kraft in unserem Leben sein.

Im nächsten Kapitel geht es um Probleme von Familien, die aus Gründen, die ihnen nicht bewußt sind, irrational mit Geld umgehen.

Kapitel 11

Geld und irrationales Verhalten

In jeder Familie gibt es Machtkämpfe. Es geht nicht nur darum, wer für andere entscheidet, sondern auch darum, wer wen versorgt und schützt.

In manchen Phasen des Familienlebens sind Machtkämpfe an der Tagesordnung, vor allem während der Adoleszenz und in den Jahren danach. In dieser Zeit beginnen junge Menschen ihr Leben selbst in die Hand zu nehmen und die Autorität der Eltern herauszufordern. Ähnliches geschieht in der Ehe, weil diese Beziehung sich im Laufe der Zeit verändert, so daß Macht und Verantwortung neu verteilt werden müssen.

Geld ist Macht, und darum schließt der Kampf um die Macht oft auch das Geld ein. Sie können auf drei Wegen Macht über das Geld gewinnen: durch Verhandeln, durch Verführen und durch irrationales Verhalten. Wenn Sie geschickt verhandeln, überzeugen Sie andere davon, daß es am besten für sie ist, zu tun, was Sie wollen. Wenn Sie andere verführen, tun sie Ihnen aus Liebe einen Gefallen. Verhandeln und Verführen sind die häufigsten Methoden in einer Familie oder einer Ehe.

Manchmal fühlen wir uns jedoch derart machtlos, daß wir uns irrational verhalten, vor allem wenn wir glauben, daß jemand uns ungerecht behandelt, und wenn Verhandlung und Verführung erfolglos bleiben. In uns allen lauert ein Terrorist, und er kommt zum Vorschein, sobald wir uns auf der Verliererstraße befinden.

Wenn wir wütend sind, besteht die Gefahr, daß wir der Familie durch irrationales Verhalten Schaden zufügen. Es kann sein, daß wir zuviel Geld ausgeben, Kreditkarten mißbrauchen, Geld verspielen oder uns weigern zu arbeiten. Wer keinen unmittelbaren Zugang zum Geld der Familie hat, macht möglicherweise Schulden, für die Angehörige einspringen müssen, oder landet im Gefängnis, und die Familie muß die Kaution zusammenkratzen.

Paare

Ehepartner haben viele verschiedene Möglichkeiten, Verantwortung zu teilen. Oft trifft die Frau alle Entscheidungen, die mit dem Haushalt und den Kindern zu tun haben, während der Mann über das Geld und die Freizeit entscheidet. Bei manchen Paaren sind diese Rollen vertauscht.

Einerlei, wie die Partner ihre Verantwortung teilen, sie müssen Geld verdienen und Geld ausgeben. Wenn beide Geld verdienen und ausgeben, müssen sie sich darüber einigen, wieviel sie in den gemeinsamen Topf einzahlen und wer über welche Ausgaben entscheidet. Es kommt auch vor, daß der eine Partner Geld verdient und der andere es ausgibt. Manchmal trifft derjenige, der das Geld verdient, auch alle wichtigen finanziellen Entscheidungen.

Konflikte sind bei jeder Konstellation möglich. Einer der Partner fühlt sich vielleicht machtlos und versucht, seinen Einfluß durch irrationales Verhalten zu vergrößern. Dadurch untergräbt er die Familienstruktur, nicht nur, weil er allen auf die Nerven geht, sondern auch, weil er die Familienmitglieder daran hindert, ihre Aufgaben zu erfüllen. Finanzielle Verluste sind dann unvermeidlich. Wir können dabei zwischen aktivem und passivem Verhalten unterscheiden.

Aktiv irrational verhält sich, wer zuviel ausgibt, spielt oder stiehlt. Zum passiven irrationalen Verhalten gehören Arbeitsverweigerung, Krankheiten, Depressionen, Zwangsverhalten, Angst,

Panik, Eßstörungen, Drogensucht und Alkoholismus. Alle diese irrationalen Verhaltensweisen sind verzweifelte und kostspielige Versuche, in der Ehe ein Machtgleichgewicht herzustellen.

Spielen

Dora und Alex waren fast immer unterschiedlicher Meinung. Jedesmal, wenn sie miteinander redeten, stritten sie sich. Alex war der Meinung, Dora sei gehässig und unterstütze ihn nicht. Da er ihr Verhalten nicht ändern konnte, schloß er an den Wochenenden telefonisch Fußballwetten ab. Er wollte mehr Macht in der Ehe haben, und wenn er spielte, hatte er ein Gefühl der Macht, weil Dora ihn nicht daran hindern konnte. In Wirklichkeit verlor er dabei viel Geld und machte seine Ehe noch unglücklicher.

Dora mußte stundenlang zusehen, wie Alex die Zukunft der Familie buchstäblich aufs Spiel setzte, und das machte sie noch wütender. Schließlich sah Alex ein, daß er sich irrational verhielt und durch das Spiel keineswegs mehr Macht gewann. Er beschloß, sich zu ändern, um nicht seine Ehe zu zerstören. Von da an behandelte er Dora überaus zuvorkommend. Er rief sie vom Büro aus an und fragte, wie es ihr gehe, und wenn sie in schlechter Stimmung war, fragte er sie, ob er ihr helfen könne. An den Wochenenden wettete er nicht mehr, sondern spielte mit den Kindern.

Zunächst konnte Dora gar nicht glauben, daß Alex sich geändert hatte. Sie war mißtrauisch und zweifelte daran, daß der Wandel von Dauer war. Doch nach einigen Wochen änderte auch sie sich, und die Beziehung wurde wieder so liebevoll, wie sie zu Beginn der Ehe gewesen war.

Verschwendung

Diana hatte Dieters Passivität satt. Seine Zurückgezogenheit und sein beißender Spott machten sie wütend. Sie war temperamentvoll und neigte zu Wutausbrüchen; dabei kreischte sie und zerschmetterte Gegenstände. Hinterher kam sie sich albern vor.

Nach mehreren Ehejahren beschloß Diana, ihre Macht wirkungsvoller zu vergrößern als durch Wutanfälle. Jedesmal, wenn die beiden sich stritten und Dieter sich zurückzog oder sarkastisch wurde, ging Diana einkaufen. Sie kaufte ein Schmuckstück, bezahlte es mit der Kreditkarte ihres Mannes und kam fröhlich nach Hause. Dort dankte sie Dieter überschwenglich und zeigte ihm sein «Versöhnungsgeschenk».

Diana zahlte es ihrem Mann heim, ohne in Wut zu geraten – aber sie brachte die Familie in finanzielle Schwierigkeiten. Dieter machte sich Sorgen und wollte Dianas Verhalten ändern. Er begann, sie an der Tür aufzuhalten, wenn sie nach einem Streit das Haus verließ. Jedesmal entschuldigte er sich, auch wenn es ihm schwerfiel, und bat sie, mit ihm spazierenzugehen. Bald hatte er mit dieser Taktik Erfolg, und nach einiger Zeit stritten die beiden sich nicht mehr so oft.

Schlamperei

Eddie und Debbie waren viele Jahre lang glücklich verheiratet. Er war Steuerberater und arbeitete hart, um die Familie zu ernähren. Debbie versorgte die Kinder und den Haushalt. Als das jüngste Kind auszog und aufs College ging, beschloß Debbie, Psychologie zu studieren. Nach dem Examen eröffnete sie eine Praxis.

Jetzt hatte Debbie weniger Zeit für Eddie. Sie mußte auch abends arbeiten, und er war beim Abendessen oft allein. Er versuchte oft, sie zu einer anderen Zeiteinteilung zu bewegen, aber sie weigerte sich mit der Begründung, der Beruf gehe vor. Sie hatten ein Wochenendhaus, das ihnen große Freude gemacht hatte; doch nun war sie zu beschäftigt, um dort mit ihm auszuspannen.

Da Eddie sich vernachlässigt fühlte, wurde er in seinem Beruf nachlässiger. Er zahlte seine Steuern nicht und verlor immer mehr Mandanten, weil er nicht mehr sorgfältig arbeitete. Debbie machte sich große Sorgen, weil er dem Finanzamt immer größere Beträge schuldete und dafür auch noch Säumnisgebühren zahlen mußte.

Debbie hatte den Verdacht, daß Eddies Schlamperei eine Reaktion auf ihren Erfolg und ihre knappe Zeit war. Eddie hatte sie erfolglos gebeten, ihren Terminplan zu ändern; nun versuchte er, seinen Willen auf andere Weise durchzusetzen. Damit hatte er zwar Debbies Aufmerksamkeit erregt, aber auf Kosten großer finanzieller Schwierigkeiten.

Debbie bot ihm immer wieder Rat und Hilfe an, konnte sein Verhalten aber nicht ändern. Sie war verzweifelt, weil die Situation wegen seiner Schlamperei bedrohlich wurde. Nach vielen Versuchen, ihn zu überreden, aufzumuntern und zu unterstützen, probierte sie es mit einer anderen Methode.

Debbie setzte ihrem Mann Fristen für bestimmte berufliche Pflichten. Wenn er sie nicht einhalte, sagte sie, werde sie in sein Büro gehen und die Arbeit selbst erledigen. Das hätte einen erheblichen Einnahmeverlust für das Paar bedeutet, weil sie keine Expertin war.

Debbie rief Eddie regelmäßig in seinem Büro an, um zu überprüfen, ob er arbeitete. Sie wußte, daß sie ihn vernachlässigt hatte, seitdem sie berufstätig war. Darum beschloß sie, die Abende mit ihm zu verbringen. Sie begann sogar, ihn zu verführen.

Eddie reagierte positiv, und seine Arbeitsleistung verbesserte sich. Das Paar erreichte ein neues Gleichgewicht: Beide gingen ihrem Beruf nach, ohne einander zu vernachlässigen oder Rivalen zu werden. Debbie war es gelungen, ihr Verhalten zu ändern, bevor es ernsten Schaden anrichtete. Ihre Macht wurde dadurch nicht geschmälert. Im Gegenteil: Sie hatte Eddie sogar gedroht, seine Arbeit zu übernehmen. Aber sie nahm Rücksicht auf die Bedürfnisse ihres Mannes und einigte sich mit ihm, so daß ihre

Ehe glücklich blieb. Sie war klug genug, auf Eddies irrationales Verhalten nicht irrational zu reagieren.

Stehlen

Caroline war ein schönes Model. Sie hatte Angst vor dem Alter und fürchtete, ihren Beruf aufgeben zu müssen und ihren Mann zu verlieren. Bernhard, ihr Mann, bewahrte Aktien, Pfandbriefe, Geld und den Familienschmuck im Tresor einer Bank auf. Caroline hatte einen Schlüssel zum Schließfach, und sie holte oft den Schmuck heraus, den Bernhard ihr geschenkt hatte, und legte ihn danach wieder zurück.

Eines Tages stritten die beiden sich heftig. Bernhard ging in seinem Geschäft hohe Risiken ein, und Caroline war der Meinung, er verhalte sich unvernünftig. Es gelang ihr jedoch nicht, ihn umzustimmen.

Als Bernhard einige Tage später das Schließfach öffnete, war es leer. Caroline hatte den gesamten Inhalt herausgenommen und weigerte sich, ihm zu sagen, wo die Sachen waren. Sie erklärte, sie müsse sich schützen und für die Zukunft vorsorgen. Bernhard weinte und drohte, sie zu verlassen.

Caroline warf Bernhard irrationales Verhalten im Geschäft vor; aber sie reagierte darauf ihrerseits irrational: mit Stehlen. Sie wollte mehr Macht in ihrer Ehe haben, doch sie verschlimmerte die Situation, weil Bernhard ihr jetzt mit Scheidung drohte.

Das Paar konsultierte mich, und Caroline fragte mich unter Tränen, was sie tun solle. Ich schlug ihr vor, sich bei ihrem Mann für ihr unvernünftiges Verhalten zu entschuldigen. Er versprach seinerseits, seine geschäftlichen Pläne mit ihr zu besprechen, bevor er sie in die Tat umsetzte. Sie verließen meine Praxis Hand in Hand.

Eßsucht

Bob und Carol waren ein junges Paar mit drei Kindern. Er arbeitete hart und verdiente als Versicherungsvertreter gut. Da Carol nicht berufstätig war, wollte er allein entscheiden, wie sein Geld ausgegeben wurde. Die beiden hatten sich darauf geeinigt, daß Carol, eine Krankenschwester, zu Hause bleiben und die Kinder versorgen sollte.

Im Laufe der Jahre wurde Bob in seinem Beruf immer erfolgreicher, weigerte sich aber, den Lebensstandard der Familie anzuheben. Er investierte jeden Pfennig in Grundbesitz und kümmerte sich nicht darum, daß Carol es zu Hause ein wenig bequemer haben wollte. Carol gab nicht viel Geld aus; aber sie hatte es satt, am Essen zu sparen, mit einem uralten Auto zu fahren und ihre schäbigen Möbel zu betrachten.

Weil Bob sich weigerte, mit ihr über Geld zu reden, wurde sie sogar krank. Sie hielt ihr Unwohlsein für Hunger, und wenn die Kinder in der Schule waren, verbrachte sie ihre langen, einsamen Stunden damit, alles zu essen, was sie in die Finger bekam. Manchmal ging sie in ein Geschäft und kaufte einen Kuchen, den sie dann an einem Nachmittag verspeiste. Danach erbrach sie sich, weil sie fürchtete, dick zu werden. Nach dem Erbrechen war sie wieder hungrig und begann erneut zu essen. Um die vielen Nahrungsmittel bezahlen zu können, die sie aß und erbrach, hielt sie sich mit anderen Ausgaben immer mehr zurück. Bob merkte, daß er kein Steak mehr zum Essen bekam, obwohl die Rechnungen für Lebensmittel immer höher wurden.

Schließlich gestand Carol ihm alles, und die beiden gingen zu einem Therapeuten, der Bob davon überzeugte, daß er mit Carol über finanzielle Angelegenheiten reden mußte. Als Carol mitbestimmen durfte, war ihre Eßsucht geheilt.

Krankheit

Ted wollte bald in Rente gehen. Er schmiedete Pläne, wo er leben und wie er den angestrebten Lebensstandard finanzieren sollte. Seine Frau Alice ärgerte sich, weil er mit ihr nicht über seine Pläne reden wollte.

Ihr Verhältnis verschlechterte sich, und nach einiger Zeit begann Alice sich Sorgen über Knoten zu machen, die sie in ihrer Brust entdeckt hatte. Trotz vieler Untersuchungen, Röntgenaufnahmen und Ultraschalltests, die nachwiesen, daß die Knoten gutartig waren, bestand sie auf einer Operation. Die Knoten wurden entfernt, und die Biopsie erbrachte keine Anhaltspunkte für Krebs. Dennoch stand sie nachts auf, betastete ihre Brüste und suchte nach neuen Knoten. Sie war davon überzeugt, daß sie Krebs hatte. Sie gab so viel Geld für alternative medizinische Therapien aus, daß Ted sich nicht zur Ruhe setzen konnte, sondern weiterarbeiten mußte.

Weil Ted nicht mit seiner Frau geredet hatte, war sie krank geworden, und dadurch hatten beide verloren. Ted konnte nicht in Rente gehen, Alice ließ sich operieren, und beide konnten keinen besseren Lebensstandard genießen.

Nach einigen Jahren hatte Ted wieder die Chance, aus dem Berufsleben auszuscheiden. Diesmal besprach er seine Pläne mit Alice. Nach langer Diskussion einigten sie sich auf einen Lebensstil, mit dem sie beide zufrieden waren, und Ted konnte in Rente gehen.

Zwanghaftes Putzen

Joan gab ihren Beruf auf, als sie Alan, ihren zweiten Mann heiratete. Sie fand, sie hätte genug gearbeitet, und freute sich darauf, Hausfrau zu sein. Bald merkte sie jedoch, daß sie jetzt völlig von

Alan abhängig war, was Geld und Vergnügungen betraf. Sie wollte zum Essen ausgehen und in Urlaub fahren. Aber Alan war viel älter als sie und ziemlich knauserig. Er blieb lieber zu Hause und weigerte sich, seine Gewohnheiten aufzugeben.

Joan begann, das Haus und das gesamte Inventar zu putzen – immer wieder und zwanghaft. Nach jedem Essen putzte sie die Küche stundenlang, so daß sie nur noch Zeit für einfache und fade Mahlzeiten fand. Obwohl Alan nicht gerne Geld ausgab, brachte er immer häufiger Fertigmahlzeiten mit nach Hause, damit Joan nicht mehr stundenlang zu spülen und zu putzen brauchte. Jeden Abend saß Alan allein vor dem Fernseher oder las die Zeitung; dann ging er zu Bett und schlief alleine ein, während Joan immer noch putzte.

Schließlich war er so verzweifelt, daß er sie aufforderte, eine Therapie zu machen, und er bezahlte die erfolglose Behandlung zwei Jahre lang. Als die beiden zu mir kamen, machte ich ihnen einen Vorschlag. Joan durfte jeden Tag von neun Uhr bis siebzehn Uhr putzen – wie eine Angestellte. Um fünf Uhr nachmittags sollte sie duschen und sich umziehen, damit sie hübsch aussah, wenn ihr Mann nach Hause kam. Dann sollten sie essen gehen. Wenn sie nach siebzehn Uhr noch putzte, mußte sie das Essen zu Hause zubereiten und danach sofort mit Alan schlafen gehen. Alan fand es zu teuer, jeden Abend essen zu gehen. Ich rechnete ihm vor, was er sparen würde, wenn Joan keine Therapie mehr brauchte. Außerdem riet ich ihm, mit Joan jedesmal eine kurze Urlaubsreise zu machen, wenn sie drei Monate lang nach siebzehn Uhr nicht mehr geputzt hatte.

Alan begriff, daß Joans Putzfimmel etwas mit ihm zu tun hatte und daß er sich ändern mußte. Sie verließen fröhlich meine Praxis und berichteten einige Zeit später, daß Joan nicht mehr putzsüchtig war.

Alan bezahlte lieber die Abendessen als eine endlose Therapie. Joan ging lieber aus, als zu putzen. Es gelang mir, sie zu einer

Verhaltensänderung zu bewegen, indem ich zwischen seinem Geiz mit ihrem zwanghaften Putzen eine Verbindung herstellte.

Heranwachsende und junge Erwachsene

Wenn aus Kindern Jugendliche werden, wird ihre größere Verantwortung mit einem größeren Anteil am Besitz der Familie belohnt. Die meisten Heranwachsenden wollen mehr Taschengeld, das Auto der Familie benutzen und außer Haus schlafen, ohne vorher um Erlaubnis zu fragen. Außerdem wollen sie mitreden, wenn die Familie wichtige Entscheidungen, zum Beispiel über den nächsten Urlaub, trifft.

Wenn junge Menschen an Macht gewinnen, entdecken sie manchmal Ungerechtigkeiten in der Familie. Vielleicht werden Geschwister unterschiedlich behandelt, oder ein Elternteil hat mehr Einfluß als der andere. Unfairneß hat oft etwas mit Geld zu tun. Die meisten Jugendlichen wollen über Unfairneß diskutieren und sie beseitigen. Manche Eltern betrachten das als Verstoß gegen die Hierarchie in der Familie und lehnen jede Diskussion ab. Einige junge Leute verlassen daraufhin das Haus, um den Konflikten in der Familie zu entfliehen. Andere bleiben und kämpfen für Gerechtigkeit. Wenn es ihnen nicht gelingt, mit den Eltern zu reden, protestieren sie bisweilen mit irrationalem Verhalten. Wie bei Ehepartnern kann dieser Protest aktiver oder passiver Art sein. Typische aktive Verhaltensweisen sind Stehlen, Drogenmißbrauch und andere Delikte. Passiven Widerstand leisten sie meist durch Versagen in der Schule oder körperliche und seelische Krankheiten.

Kriminelles Verhalten

Martina war das mittlere Kind in einer Familie mit drei Kindern. John, ihr älterer Bruder, und Kim, ihre jüngere Schwester, waren attraktiv, beliebt und gut in der Schule. Martina war dick und hatte Lernprobleme. Sie machte sich Sorgen über ihre Eltern, die ebenfalls übergewichtig und nicht gesund waren. Wenn die Eltern etwas brauchten, wandten sie sich immer an Martina. Als sie sechzehn war, putzte, kochte und wusch sie für die Familie außerdem ging sie in die Schule und hatte einen Teilzeitjob. Seltsamerweise verlangten die Eltern weder von John noch von Kim, im Haushalt zu helfen oder zu arbeiten.

Vielleicht war Martina dick geworden und hatte Lernprobleme, weil die Eltern erwarteten, daß sie zu Hause blieb und sich um die Familie kümmerte, anstatt auszugehen und später einmal das College zu besuchen. Natürlich kann es auch sein, daß das Mädchen niemanden fand, mit dem sie hätte ausgehen können, und daß sie auf dem College überfordert gewesen wäre. Auf jeden Fall behandelten die Eltern sie anders als die Geschwister und daher unfair.

Martina litt darunter, aber es fiel ihr schwer, ihre Probleme in Worte zu fassen und mit den Eltern zu besprechen. Sie klagte nur darüber, sie sei unzufrieden mit sich selbst. Sie arbeitete an der Kasse eines Kaufhauses und brachte ihren Lohn mit nach Hause. Eines Tages wurde entdeckt, daß sie regelmäßig Geld aus der Kasse gestohlen hatte, insgesamt dreitausendsechshundert Mark. Ihr Arbeitgeber erstattete Anzeige, und die Eltern mußten den fehlenden Betrag ersetzen. Martina konnte nicht erklären, was sie mit dem Geld gemacht hatte. Die Mutter war außer sich, weil sie eine teure Diät abbrechen mußte, um das gestohlene Geld zurückzahlen zu können. Das Gericht ordnete eine Familientherapie an.

Der Therapeut erkannte, daß Martina stahl, um ihre Eltern für ihr unfaires Verhalten zu bestrafen. Da sie mit ihnen nicht reden konnte, verhielt sie sich irrational. Der Therapeut machte den Eltern und Geschwistern klar, daß sie ungerecht zu Martina waren. Sie entschuldigten sich bei ihr und vereinbarten, daß die Geschwister sich die Hausarbeit künftig teilen würden. Als Martina das Gefühl hatte, daß die Familie sie fair behandelte, hörte sie auf, sich irrational zu benehmen.

Spielen

Jack war das schwarze Schaf der Familie. Da er in der Schule schlechte Noten bekam, lehnte sein Vater es ab, ihn aufs College zu schicken. Daraufhin borgte Jack sich Geld von der Mutter und von seiner Tante, angeblich um die Schule bezahlen zu können. Bald entdeckte die Familie jedoch, daß er das Geld bei Pferderennen verspielt hatte.

Da die Mutter und die Tante ihm kein Geld mehr gaben, borgte er es sich von seinen Freunden. Als diese ihr Geld zurückverlangten, beichtete Jack seiner Familie und sagte unter Tränen, seine Freunde seien Schlägertypen und sein Leben sei bedroht, wenn er seine Schulden nicht begleiche. Der Vater mußte feststellen, daß es für ihn billiger gewesen wäre, Jacks Studium zu finanzieren, so wie er es für seine anderen Kinder getan hatte.

Die Eltern konsultierten mich, weil sie nicht wußten, ob sie Jacks Schulden begleichen sollten, und weil sie sich Sorgen über seine Spielleidenschaft machten. Mir war klar, daß die Familie zwei Probleme hatte. Erstens war der Vater unfair zu Jack gewesen, und zweitens verspielte Jack Geld.

Ich riet dem Vater, Jacks Schulden unter der Bedingung zu übernehmen, daß sein Sohn meine Anweisungen befolgte. Dann empfahl ich seiner Mutter und seiner Tante, jeden Sonntag mit Jack zum Rennen zu gehen und für ihn das Pferd auszusuchen, auf das er setzen würde. Dabei sollten sie sich nach dem Aussehen des Pferdes oder des Jockeys richten oder einfach ihrer Intuition folgen. Da sie Jack lautstark «berieten», würden alle seine Kumpel erfahren, daß er sich von den beiden älteren Damen herumkommandieren lassen mußte.

Ich nahm an, Jack werde nach einigen dieser peinlichen Auftritte das Interesse an Pferdewetten verlieren. Ich wußte, daß kein Spieler seine Sucht überwindet, wenn man ihn lediglich ermahnt. Aber wenn die Mutter und die Tante sich einmischten, würde die Situation sich für Jack grundlegend ändern.

Die Familie folgte meinem Rat, und bald verabscheute Jack Pferdewetten. Er wollte wieder in die Schule gehen, und ich half ihm, mit seinem Vater zu reden. Dieser erklärte sich bereit, die Kosten für das College zu übernehmen.

Bestechung

Ginnie grollte ihren Eltern, weil sie ihr nie etwas schenkten. Sie hielten es nicht für nötig, da der Großvater wohlhabend war und beschlossen hatte, sein Geld noch zu seinen Lebzeiten den beiden Enkeln zu geben. Er bezahlte Ginnies Ausbildung, ihr Auto, ihre Miete und andere Dinge. Ginnie fand es ungerecht, daß ihre Eltern kein Opfer bringen mußten, um sie studieren zu lassen. Ihre Freunde erhielten alles, was sie brauchten, von den Eltern. Sie hatte das Gefühl, nicht geliebt zu werden, verhielt sich irrational und schadete sich dadurch selbst.

Nach mehreren unglücklichen Beziehungen mit Männern, die sie schlecht behandelten, begann sie sich Sorgen um ihr Gewicht zu machen. Sie hungerte, stopfte sich dann mit Essen voll und erbrach es. Jahrelang mußten die Eltern viel Geld für ihre Therapie und für Arztrechnungen aufbringen.

Schließlich unterhielt sich ein Therapeut mit den Eltern und schlug ihnen vor, Ginnie jedesmal fünfhundert Mark zu geben, wenn sie sich eine Woche lang nicht erbrach. Die Eltern befolgten den Rat, und Ginnie hörte auf, sich zu erbrechen. Jetzt bekam sie von ihren Eltern Geld, ohne sich selbst zu gefährden. Als es ihr besser ging, stellten die Eltern die Zahlungen ein, und alles fing von vorne an. Jetzt beschlossen die Eltern, ihr zwei Jahre lang Geld zu geben, und es gelang ihnen, ihre Tochter endgültig zu heilen.

Der Umgang mit irrationalem Verhalten

Politiker messen ihre Macht und ihre Erfolge mit Hilfe von Meinungsumfragen und stützen sich auf ihre Anhänger, wenn sie mit der Opposition verhandeln müssen. Diktatoren benutzen dagegen ihre Anhänger, um die Opposition auszuschalten. Da ein Diktator nicht verhandelt, löst er bei seinen Gegnern irrationales Verhalten aus – sie wehren sich mit Gewalt, und der Diktator reagiert darauf mit Gegengewalt.

Ehepartner und Eltern sollten wie Politiker denken, nicht wie Diktatoren. Sie müssen ständig darüber informiert sein, welche Bedürfnisse die Familie hat, und sie müssen mit ehemaligen Anhängern verhandeln, die zu Gegnern geworden sind. Wenn sie das nicht tun, werden sie zu Diktatoren, die ihre Gegner zu irrationalem Verhalten provozieren, das unweigerlich Gewalt auslöst.

Wenn es in Ihrer Familie bereits zu irrationalem Verhalten gekommen ist, müssen Sie wie ein geschickter Politiker darauf reagieren. Mit den folgenden fünf Schritten können Sie irrationalem Verhalten auch vorbeugen.

Schritt 1: Fragen Sie regelmäßig nach

Reden Sie mit Ihrem Partner und mit den Kindern, nicht nur mit allen zusammen, sondern auch mit jedem einzeln. Hören Sie gut zu. So erfahren Sie, ob sie Geld brauchen, welche Meinung sie haben und ob sie in der Familie glücklich sind.

Vor allem müssen Sie herausfinden, ob ein Mitglied der Familie ungerecht behandelt wird oder sich ungerecht behandelt fühlt. Unfairneß ist die Hauptursache irrationaler Verhaltensweisen.

Schritt 2: Spüren Sie irrationales Verhalten auf

Wenn ein Mitglied der Familie nicht erklären kann, warum es sich oder anderen durch sein Verhalten schadet, und wenn es nicht in der Lage ist, sich zu ändern, sprechen wir von irrationalem Verhalten. Wenn ein Mensch stiehlt, zwanghaft spielt, Essen in sich hineinschlingt und wieder erbricht, zwanghaft putzt, überhaupt nicht mehr putzt oder sich Krankheiten einbildet und nicht damit aufhören kann, handelt er irrational. Das ist ein Zeichen dafür, daß in der Familie etwas nicht in Ordnung ist. Es bedeutet, daß ein Mitglied sich machtlos fühlt, und das heißt, daß ein anderes zu mächtig ist.

Schritt 3: Denken Sie über die Absprachen nach

Denken Sie noch einmal über die Absprachen nach, die die Familie in letzter Zeit getroffen hat. So erhalten Sie Hinweise auf die Ursache des irrationalen Verhaltens. Besonders wichtig sind Absprachen, die mit Geld zu tun haben. Wenn ein Mitglied der Familie immer das letzte Wort hatte oder sich weigerte, zuzuhören und zu verhandeln, oder anderen nie entgegenkommen wollte, dann hat dieses Familienmitglied zuviel Macht. Wenn ein Mitglied der Familie immer das Nachsehen hatte oder nie angehört wurde oder wenn seine Wünsche und Bedürfnisse nicht berücksichtigt wurden, dann hat dieses Familienmitglied zuwenig Macht. Wenn jemand in der Familie sich irrational verhält, ist es wahrscheinlich das Mitglied, das sich machtlos fühlt. Sie müssen auch herausfinden, gegenüber wem dieses Familienmitglied sich machtlos vorkommt, damit Sie wissen, welche Beziehung sich ändern muß und wer mehr Macht haben sollte.

Schritt 4: Ändern Sie sich

Wenn Sie entdecken, daß Sie die Ursache des irrationalen Verhaltens eines Angehörigen sind, müssen Sie sich ändern. Vielleicht haben Sie zuwenig gegeben, nicht zugehört, nicht verhandelt, den Standpunkt des anderen nicht verstanden oder nicht respektiert. Wenn andere Familienmitglieder der Meinung sind, daß Sie in bestimmten Angelegenheiten unfair oder nicht verständnisvoll waren, sollten Sie neue Absprachen treffen.

Schritt 5: Helfen Sie anderen, sich zu ändern

Vielleicht verhält Ihr Sohn sich irrational, weil er Streit mit seiner Mutter hat. Ihre Tochter ärgert sich möglicherweise über ihren Bruder. Finden Sie heraus, worüber neu verhandelt werden muß, und sorgen Sie dafür, daß es tatsächlich zu Neuverhandlungen kommt. Beide Parteien sollten Kompromisse schließen, und Sie müssen der Vermittler sein.

Kapitel 12

Epilog

Dieses Buch befaßte sich mit der wichtigen und oft verborgenen Rolle des Geldes innerhalb unserer Beziehungen. Geld kann uns geliebten Menschen näherbringen, aber es kann auch zu Entfremdung führen. Alles, was wir mit Geld tun, hat Folgen für andere.

Wir haben versucht, die geheime Bedeutung des Geldes aufzudecken. Gefühle, Leidenschaft, Wünsche und Schuldgefühle und vor allem die Liebe – all das hat etwas mit Geld zu tun.

Geld ist oft die wichtigste Währung der Liebe. Wenn wir lieben, wollen wir geben und nehmen, und dieses doppelte Ziel macht das Leben so kompliziert. Geld kann uns entweder egoistisch oder großzügig machen, und in der Regel müssen wir uns für eines von beidem entscheiden. Nur in der Liebe können wir unbeschwert geben und nehmen.

Was das Geld betrifft, so führen wir alle ein geheimes Leben. Jeder Mensch kann in seinem Inneren ein Philanthrop oder ein Geizhals sein. Manche leiden unter quälenden Schuldgefühlen oder werden von Gier überwältigt. Glück und Geiz sind nur unterschiedliche Seiten des Geldes. Jeder hat seine eigene Beziehung zum Geld, und bei vielen Menschen hängen alle anderen Beziehungen davon ab. Wir können Geld nutzen, um Feindschaft oder Liebe auszudrücken, wir können damit ausbeuten oder helfen.

Aber in den Beziehungen der Menschen ist nichts ganz schwarz oder ganz weiß. Wo Liebe ist, ist auch Haß, wo Macht ist, gibt es auch Abhängigkeit. Selbst ein Standpunkt, den wir für klar halten, kann verschiedene Deutungen zulassen. Aber wenn wir Geld *und* Liebe haben wollen, müssen wir uns wohl mit solchen Zweideutigkeiten abfinden.

Zum Schluß möchte ich Sie noch einmal kurz an die wichtigsten Regeln erinnern, die Sie einhalten müssen, wenn Sie klug mit Geld umgehen wollen.

Regel 1: Ein Streit ums Geld hat oft andere Ursachen. Bohren Sie tiefer, wenn in Ihrer Familie über Geld gestritten wird. Versuchen Sie, Ihren Willen durchzusetzen? Versuchen andere, Ihnen ihren Willen aufzuzwingen? Wird jemand unfair behandelt? Will jemand Liebe kaufen? Manchmal streiten wir über das Geld, damit wir uns nicht mit schmerzlicheren Problemen auseinandersetzen müssen. Diesen Streit können wir nur beilegen, wenn wir seine wahren Ursachen kennen.

Regel 2: Es geht oft um Geld, wenn wir über andere Dinge streiten. Die eigentliche Ursache eines familiären Konflikts kann das Geld sein. Wenn Sie Streit mit dem Partner oder Probleme mit Ihren Kindern haben, geht es vordergründig vielleicht um Liebe, Abhängigkeit und Kommunikation; aber das wahre Problem kann durchaus das Geld sein.

Regel 3: Geld kann sowohl eine Strafe als auch eine Belohnung sein. Zögern Sie nicht, mit Geld Probleme zu lösen, wenn es möglich ist. Die Chance, Geld zu verdienen, und die Gefahr, Geld zu verlieren, sind starke Anreize, sich zu ändern.

Regel 4: Niemand ist im Umgang mit Geld vollkommen. Da das Geld so viele geheime Beziehungen hat, symbolisiert es für jeden Menschen etwas anderes. Außerdem kann seine Beziehung sich mit der Zeit ändern. Es ist unmöglich, Mißverständnisse und Konflikte, bei denen es um Geld geht, in der Familie völlig zu vermeiden.

Regel 5: Geld kann uns unglücklich machen. Menschen, die Geld mit Liebe verwechseln, zahlen dafür einen hohen Preis.

Fordern Sie nicht Geld, wenn Sie Liebe wollen, und geben Sie kein Geld, wenn Sie Liebe geben sollten.

Regel 6: Reifer werden heißt geben. Wir alle müssen in unseren Beziehungen vom Nehmenden zum Gebenden werden. Wenn Ihnen dieser Wandel nicht gelingt, werden Sie Probleme mit dem Partner und den Kindern haben. Vertrauen Sie auf Ihre Kraft, und seien Sie großzügig.

Regel 7: Wer gibt, weckt Bedürfnisse. Achten Sie darauf, welche Bedürfnisse Sie in Ihren Kindern wecken.

Regel 8: Wer gibt, um wegzunehmen, ruft Wut und Groll hervor. Wenn Sie Ihren Kindern ein Geschenk wegnehmen, um sie zu bestrafen, können Sie dadurch Groll hervorrufen, der nie vergeht und Ihre Kinder vielleicht sogar zu Versagern macht.

Regel 9: Flexibilität verbessert die Beziehung. Wer starre Regeln über den Umgang mit Geld aufstellt, erstickt seine Beziehung. Sie leben glücklicher, wenn Sie sich damit abfinden, daß jeder Mensch andere Erwartungen an das Geld hat.

Regel 10: Der Versuch, den Partner zu ändern, ist meist vergeblich. Ein Geizkragen bleibt ein Geizkragen, und ein Verschwender bleibt ein Verschwender – und wahrscheinlich heiraten die beiden. Die Partner ergänzen einander, auch was das Verhalten angeht. Wenn Sie den Partner ändern wollen, müssen Sie sich selbst ändern.

Regel 11: Mißtrauen schreckt Menschen ab. Wenn Sie in Ihre zweite Ehe das Mißtrauen mitbringen, das Sie in der ersten Ehe erworben haben, wendet Ihr zweiter Partner sich von Ihnen ab.

Regel 12: Geld bringt kein Selbstvertrauen. Ihr Selbstbild hängt davon ab, wie Sie mit Geld umgehen.

Regel 13: Geld soll Freude machen. Glückliche Ehepartner zögern nicht, im Rahmen ihrer Möglichkeiten Geld auszugeben, wenn es ihnen Freude macht. Gute Eltern geben Geld aus, um sich mit ihren Kindern zu amüsieren. Aber wer Freude am Geld haben will, braucht Initiative. Lernen Sie, das zu genießen, was Sie haben, ohne sich vor dem «Verlust» zu fürchten.

Regel 14: Die Menschen lieben Sie, wenn Sie Menschen mehr lieben als Geld. Sie können nur glücklich sein, wenn Menschen Ihnen wichtiger sind als Geld.

Regel 15: Wer wirklich zuhört, ist unwiderstehlich. Achten Sie auf geheime Bedeutungen und verborgene Konflikte. Kritisieren Sie Angehörige nicht, wenn sie ihrem Herzen Luft machen – nur so entdecken und lösen Sie Spannungen aller Art.

Wenn Sie innerhalb Ihrer Beziehung klug mit Geld umgehen wollen, müssen Sie den Mut haben, die geheimen Überzeugungen und Erwartungen in Frage zu stellen, die seit Jahren Ihren Blickwinkel verengen und Ihre Chancen im Leben verringern. Meiner Erfahrung nach haben diese Regeln, wenn sie eingehalten werden, eine befreiende Wirkung. Der richtige Umgang mit Geld trägt erheblich zu einer erfüllten Beziehung bei.

Anmerkungen

Kapitel 1. Einführung: Geld als Herausforderung

1 Donald Trump erläutert seine Einstellung in Donald Trump und Tony Schwartz, *Trump: The Art of the Deal,* Random House, New York 1987
2 Interessante Ausführungen über Geld und Spiritualität finden Sie in Jacob Needleman, *Geld und der Sinn des Lebens,* Insel Verlag, Frankfurt 1993
3 Faszinierende Gedanken über künstlich erzeugte Bedürfnisse enthält John Kenneth Galbraith, *The Affluent Society,* New York. New American Library, 1984
4 Auch ein spannender Roman behandelt das Thema «künstlich erzeugte Bedürfnisse«: Stephen King, *Needful Things,* NAL/Dutton, 1992

Kapitel 2. Geld und das junge Paar

1 Mehr über die Lösung von Eheproblemen finden Sie in meinem Buch *Strategic Family Therapy* (Kapitel drei), Jossey-Bass, San Francisco 1981

Kapitel 3. Geld und «unsere schwierigen Eltern»

1 Eine Methode, mit Sexualstraftätern und Ihren Opfern zu arbeiten, beschreibe ich in meinem Buch *Sex, Liebe und Gewalt, Therapeutische Strategien zur Veränderung,* Carl Auer Verlag, Heidelberg 1997

Kapitel 5. Geld und die mittleren Jahre

1 Eine interessante Erörterung der Angst vor finanziellen Verlusten finden Sie in Barbara Ehrenreich, *Angst vor dem Absturz, Das Dilemma der Mittelklasse,* Kunstmann, München, 1992
Margaret Mead hat die Angst vor gesellschaftlichem Abstieg schon 1942 beschrieben: Margaret Mead, «And Keep Your Powder Dry!» in *The Member of the Upper Class,* Morrow, New York 1942, 1965

2 Mehr über Absprachen in der Ehe finden Sie in James P. Keim, «Triangulation and the Art of Negotiation» im *Journal of Systemic Therapies*, Winter, Ontario 1993

Kapitel 10. Geld als Rettungsanker

1. Weitere ungewöhnliche und lustige Methoden, Beziehungsprobleme zu lösen, finden Sie in meinem Buch *Hinter dem Einwegspiegel, Fortschritte in der strategischen Therapie,* iskopress, Heidelberg 2. Aufl. 1998

Register

9/32,80